子どもの「命」の守り方

変える！事故予防と保護者・園内コミュニケーション

掛札 逸美

目　次

第1章　保育における「安全」をめぐって 7

子どもの命を守ることは、おとなの責務　8

3つの「深刻さ」　10
  (1) 命が奪われる深刻さ　11
  (2) 社会的責任の深刻さ　11
  (3) 対保護者の深刻さ　12

保育施設で意識されやすいできごと　14

保育施設で意識されにくい、そして命を奪っているできごと　16

第2章　「深刻さ」を的確に把握するための視点 21

事故とは？　ヒヤリハットとは？　23
  (1) 事故（accident）　23
  (2) 事故の結果　25
  (3) ニア・ミス（near-miss）とヒヤリハット　27
  (4) 保育におけるヒヤリハットの難しさ　28

事故の結果は介入と運（確率）に左右される　31
  (1) 事故は、「〜か〜か〜か」のプロセス　31
  (2) 分岐点で必要な判断と行動　33
    a.「命を守ること」が主体の場合　33
    b. 保育と安全のバランスを考える場合　37
  (3)「予測される最悪の深刻」を考えて、分岐点の行動をする　40
    a. 食物アレルギー　41
    b. 誤嚥（窒息）　42
    c. 睡眠中の突然死　42
    d. プール事故　43

  e. 置き去り（取り残し）　*43*
  f. 車道への飛び出し　*44*
  g. 遊具の高い場所からの転落　*45*

人間はミスをする生き物　*47*
 (1) 子どもは異文化。事故は予防できない　*47*
 (2)「ミスをなくす」ではなく、「ミスを減らす」「ミスに気づく」　*50*
 (3)「人間は見守れない、気をつけられない」が大前提　*53*
 (4)「これなら絶対に安全」「大丈夫」はない　*55*

「悪意」がなくても、過失に問われる可能性がある　*56*
 (1) 予見可能性と回避可能性　*56*
 (2)「知らなかった」「大丈夫」ではすまされない　*58*
 (3) 白玉誤嚥と「トカゲのしっぽ切り」　*60*
 (4) プール事故と保護者への「サービス」　*64*

リスクとハザード　*67*
 (1) リスクとハザードの誤った定義　*67*
 (2) リスクとハザード、正しい定義　*68*
 (3) 子どもに危害が起こる確率を下げて、リスクを下げる　*72*
 (4) リスクとハザードの概念を活かす　*74*

第3章　保育施設におけるリスク・コミュニケーション　*77*

保護者とのコミュニケーションが
　子どもの命を守り、保育者の心と仕事を守る　*78*

リスクをゼロにできない以上、
　リスク・コミュニケーションは不可欠　*80*

「安全」と「安心」の違い　*82*
 (1) 安全は具体的につくるもの、つくれるもの　*82*
 (2) 安心は安全の上に築きあげていくもの　*83*
 (3) 幻の「安全・安心」を捨て、「生きる力」を　*86*

リスク・コミュニケーションは組織に必須　88

質の高いリスク・コミュニケーションが「安心」をつくる　90
　★リスク・コミュニケーションの7原則　93

信頼関係があれば、クライシスを乗り越えられる　94

リスク・コミュニケーションの例　96

『入園のしおり』でも、しっかり伝える　100

保護者の意見を聞くリスク・コミュニケーション　103

深刻な事故から学ぶリスク・コミュニケーション　107

保護者の不安をしっかりと受けとめる　109

保護者の不安を積極的に汲みあげる　111

事実が伝わるように伝える　113

保護者のリスク判断スキルを育てる　115

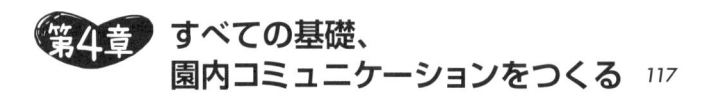

第4章　すべての基礎、園内コミュニケーションをつくる　117

コミュニケーションの前提＝「簡単には伝わらない」　118

コミュニケーションはリスク・マネジメントの基礎　119

職員は、上の人が「していること」を真似する　122

「わかったつもり」「できたつもり」はスキル習得に通用しない　123

「上に立つ人」のための園内コミュニケーション・スキル　124
　（1）コミュニケーションはゴールのある戦略　124
　（2）一人ひとりに合わせる　126
　（3）コミュニケーションは、自身の感情に気づくことから　127
　（4）言ってもらえる自分になる　130

★自分の感情に気づく　130

「"私"の心と仕事のため」が、安全をつくり、保育の質を上げる　132

保育施設の中にはたくさんの壁がある　135
　(1) 年齢と経験　135
　(2) 立場、資格、子育て経験　136
　(3) 職種の違い　137
　★今日からできる園内ワーク　138
　　① 電話のワーク　138
　　② 名前を呼ぶワーク　139
　　③ 楽しい話を聞くワーク　140
　　④ 子どもや保護者に対する声がけをチェックしあう　141

「わかった？」のひと言が生み出す厚い壁　143

「わからない」と言ってもらう大切さ　144

「わからないこと」がわからない！　145
　★「盗んで覚える」は、意識できない人の言い訳？　148

「わからなくて当然」を前提にして　149

アドバイスされる側のコミュニケーション・スキル　151
　★否定語をやめる　152

「違う見方や意見」を学びたい、ところが実際には…　153

「保育園看護師」という異文化　155

自分とは違う見方や違う意見を
　「違っていて、おもしろい」と受けとめる　158

大切な専門職「保育園看護師」を活かす　161

考える、言葉にする、思いをやりとりする
　〜さまざまな壁を乗り越える、大きなワーク　162

「みんなで話す」ワーク　163

他の人から学び、ゴールを考える　166
　（1）目的は学ぶこと。勝ち負けではない　166
　（2）過去と解決策を分ける　167
　（3）「どうすればいいかな？」と考える　168

話し合う時のルール　169
　（1）時間とグループを設定する　169
　（2）話題を決める　170
　（3）「司会のような人」を決める　170
　（4）沈黙を怖がらない　171
　（5）長く話さない　172
　（6）話に割り込まない、話を奪わない　172
　（7）テーマと違う話を始めない　173
　（8）「私」「僕」を主語にして話す　173
　（9）聞き方のポイント　175
　（10）参加者が感情的になったら　176
　★小テーマの例　174

たとえばこんな意見も…　177

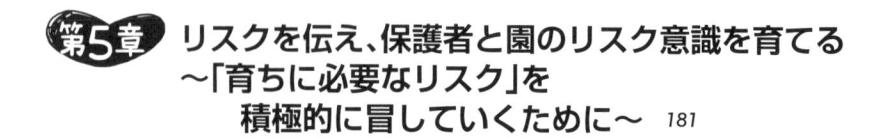

第5章　リスクを伝え、保護者と園のリスク意識を育てる
～「育ちに必要なリスク」を積極的に冒していくために～　181

リスクを伝え、共に考え、「子育てを自分ごと」に　182

共感を失い、事故の被害者を責める文化　185

「リスクを冒す権利」と「保護者に伝える義務」　188

あとがき　192

第1章

保育における「安全」をめぐって

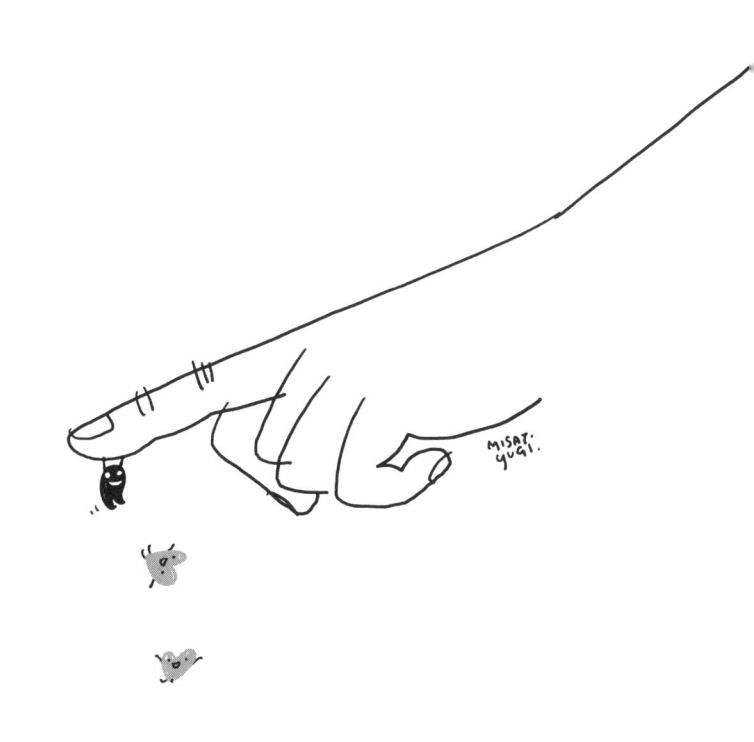

安全とリスク・マネジメントの考え方と行動は、保育を、そして、子育てを今よりもずっとずっと自由に、豊かにしていくためのものです。保育や子育てを縛ったり、狭めたりするものではありません。

＊　　　＊　　　＊

子どもの命を守ることは、おとなの責務

　子どもは毎日、新しいことができるようになっていきます。新しいものやことに興味を持ち、新しいことに挑戦しようという気持ちが育ち…。昨日はできたことが今日はできなくて、悔しい。でも、次の日は「もうちょっと頑張ってみよう！」と、張り切ってトライしてみる。その中で失敗もします。ケガもします。

　「安全にしすぎたら、子どもが育たない」「子どもはケガをしながら育っていくもの」…、その通りだと私も思います。子どももおとなも、失敗から学び、痛みから学ぶ生き物です。失敗も経験せず、悔しさも感じず、ケガの痛みも知らず、心の痛みも通り抜けていかなかったら、人間は育ちません。子どもはもちろん、おとなでも。

　ただ、成長に必要な失敗やケガをすることと、命を失うことは別の話です。子どもの命を考えた時、それも「他人の子どもという命を預かっている仕事」をしている立場から保育の安全を考えた時に、はっきり認識しなければいけないことは、たったひとつ。

　「死ぬ危なさから子どもを守るのは、おとなの仕事」──保育施設で働く人たちだけでなく、政府、自治体、遊具や玩具を作る企業、保護者、すべてのおとなが含まれます。

　未就学児は、「死ぬ危なさ」を理解できません[1]。「右・左・右と見て、手を挙げて渡ろうね。車が来たら危ないよ」、子どもたちは言

う通りにするでしょう。「自動車は危ないんだよ」「ぶつかったら死んじゃうんだよ」と、子ども同士で話もするでしょう。でも、道の向こうに母親や父親の姿が見えたら？ 道の向こうにかわいい子犬がいたら？ 消防車のサイレンが聞こえたら？ 急に飛び出すのが子どもです。そして、車からは見えにくいのも子どもです。

　ゼロ歳の子どもであっても、安全や命を守る大切さを伝えるのはあたりまえ。「ほらほら、危ないよ」「道を歩く時は、こちら側をまっすぐ歩いてね」。でも、教えたから、「わかった」と言ったから、お散歩の時にみんなでできるから…、自分の身を交通事故から守れるわけではないのが子どもです[2]。「子どもが自分では自分の身を守れないできごと」は、交通事故に限らず、いくつもあります。そうした危なさから子どもを守るのは、おとなの役割です。

　園庭で転んだり、友だちと取っ組みあいをしたり、ぞうきんがけをしていて滑り、床に歯をぶつけたり…。多少のケガになっても、そこから学ぶことが必ずあります[3]。多少のケガはたくさんして、

---

[1] 未就学児の場合、「死」の概念はおとなとは異なり、「一時的」「元に戻せるもの」です。9歳ぐらいまでは、自分自身の死という概念も明確ではないようです。ただし、こうした概念は、子ども個人の経験によっても大きく異なるとのこと。年齢別の変化については、こちらがわかりやすいと思います（英語です。メリーランド大学バルティモア校のウェブサイトから）。http://www.umb-eap.org/wp-content/uploads/pdf/DeathByAgeGroup.pdf

[2] 合理的思考や衝動コントロールなど、人間の意識や行動のもっとも重要な部分を司る大脳前頭葉が成熟するのは20代半ば頃ですから、未就学児のみならず児童や学生の安全を考える時には、この点を考慮する必要があります。前頭葉の成熟期については2000年より前にすでに明らかになっていますが、10代の脳の発達についてよく引用されている文献として、次のものがあります。Johnson, S.B., Blum, R.W., et.al. (2009). Adolescent Maturity and the Brain: The Promise and Pitfalls of Neuroscience Research in Adolescent Health Policy. Journal of Adolescent Health, 45, 216-221.

[3] こうしたできごとは絶対に子どもの命を奪わない、というわけではありません。

子どもはいろいろなことを学ばなければいけません。でも、交通事故や水の事故、誤嚥窒息、アレルギー食材の誤食、高所からの転落などは、子どもから学ぶ機会を奪う（子どもが死亡する、後遺障害やPTSDをこうむる等）可能性があります。まわりのおとなにとっても、学びの対価は大きすぎるのです。

　こうした深刻なできごとの場合、子どもに「自分で自分の命を守って」「大変だったでしょ。これからは気をつけて」とは言えない。学びの機会を奪うリスクに子どもをさらすべきではない。でも、命に（ほぼ）関わらないケガや痛みは、子どもの育ちにとって必要不可欠。保育現場で（家庭でも）はっきりと線引きすべき点は、ここです。

　この線引きができて、保育施設が、保護者が、企業が、自治体が、日本社会全体が、次のように考えて行動できるようになればいいとは思いませんか。――「子どもの命をおびやかす深刻なできごとだけは、できる限り防ぐようにしよう。一方、命にはほとんど関わりのない危なさからは、子どもが積極的に学べるようにしていこう。挑戦しなければケガをせずにすむかもしれない。でも、子どもには挑戦もケガも絶対に必要だから」。――保育と子育て、そして子どもの育ちが自由に、豊かになる社会への第一歩です。

3つの「深刻さ」

　ところが今、保育施設における安全の話は一筋縄ではいきません。なぜでしょうか。それは、3つのまったく異なる「深刻さ」がごちゃ混ぜのまま語られているからです。その背景にはもちろん、日本の社会全体でもこの3つの「深刻さ」が区別されることなく、ごちゃ混ぜに扱われている現実があります。

(1) 命が奪われる深刻さ

1つめの深刻さは、「子どもの命が奪われる深刻さ」です。保育施設は子どものために作られた場所ですから、家庭に比べれば環境は安全です。それでも、子どもの命を奪うかもしれない危なさはあります。デザイン優先で使い勝手の悪い施設も、老朽化した施設もたくさんあります。子どもの命を奪うリスクの高い活動も行われています。特に今、保育界は人手不足（量だけでなく、質の面でも）ですから、命を守る視点からも、保育そのものの視点からも、目と手が行き届いていないのが現状です。

(2) 社会的責任の深刻さ

2つめの深刻さは、「保育施設が負う社会的責任の深刻さ」です。暴力めいた力をふるって子どもにケガをさせれば、当然、罪に問われます。危害を加えるつもりがなくても、たとえば、以前、死亡事故が起きたのと似た状況、似た原因で死亡が起これば、社会的責任を問われる可能性があります。たとえ事故の結果は深刻でなかったとしても、すべき対応をしなかったり、保護者や自治体などに嘘の報告をしたりすれば、そこで社会的責任を問われるかもしれません。

人間は死ぬ生き物ですし、未就学児は特に亡くなりやすい生き物ですから、死の中には避けられないものもあります。原因がいまだにわからないものもあります（例：乳児の睡眠中の突然死）。車が突然、歩道に突っ込んできたり、頭上から物が落ちてきたりといった、「命を奪う瞬間に偶然（＝確率的に）いあわせる」できごとも起きます。子ども（人）が亡くなること自体は避けられない、と言わざるをえません。

けれども、「明らかに、予防はできたはずなのに」「以前に同じような死亡事故が起きていて、深刻な危なさとわかっていたはずな

のに」「すぐに救急車を呼んで、救急対応をしていれば命は救えたかもしれないのに」と言われるできごとで子どもが亡くなったら？ それは、子どもの命の深刻さ（だけ）ではなく、「他人の子どもを預かる」という社会的責任を負っている施設として、致命的な結果につながります[4]。

(3) 対保護者の深刻さ

　3つめの深刻さは、「保護者コミュニケーションにおける深刻さ」です。とても残念ではありますが、保護者の中には、「保育施設で子どもがケガをすること」「保育施設で子どものからだにすり傷ひとつでもつくこと」を受け入れない人もいます。保育は集団で、子ども同士が近しく関わりあう場所です。保育者が常にすべての子どもたちを見ていることはできませんし、子どもがケガをしないように見張っていることは、本来、保育者の仕事ではありません（子どもが関わりあいながら、保育者とも関わりながら育っていくのを支えるのが保育者の仕事だと思います）。ですから、ケガは起きます。

　「なんで、うちの子にケガをさせたんですか」「『かみついたところを見てなかった』って、なんですか、それは！」「傷跡が残ったらどうしてくれるんですか」「その子と遊ばせないでください」…。保育者にとって、こうした保護者の言葉はとても深刻です。保育者の心は傷つき、「二度とケガをさせないようにします」と、できるはずのない約束をさせられて委縮します。保育どころではなく、子どもたちを見張ることにばかり神経をとがらせざるをえなくなります。

---

[4] 詳しくは、『保育現場の「深刻事故」対応ハンドブック』（2014年、ぎょうせい）をご覧ください。

前に書いた2つの深刻さは、幸運なことに（＝確率的に）めったに起こりません。ところが、保護者コミュニケーションの深刻さはひんぱんに起こります。結果として保育者は、子どもの命にはまず関わらないケガ（外傷）や、「保護者の目」に意識を向けがちになり、命に関わるできごとや社会的責任を問われるできごとの可能性を見逃していきます[5]。保育そのものもできなくなっていきます。

　もちろん、保育施設、保育者側に問題がまったくないわけではないでしょう。日本の社会がいつの間にか、「子どもはケガをして育っていくもの」「ケガは子どもの勲章」という意識を失ったのは、いまどきの保護者だけの責任ではないはずです。

　たとえば、「お子さんにケガをさせてしまって申し訳ありません」「ケガをさせません」といった自治体、施設長、保育者の言葉が、「園でケガをさせられた」という保護者や社会の意識をつくってきた背景があるはずです。誰もケガを「させて」はいません。子どもはケガをするものです。けれども、人間の認知（ものの見方）は、事実以上に「言葉」からつくられていきますから、「ケガをさせた」「ケガをさせない」のような言葉を使い続けている以上、保護者も社会もそのように受けとめていきます[6]。

---

[5] 人間には「悪いできごとは自分（たち）には起こらない」と考える楽観バイアス（認知バイアス〔ものの見方の歪み〕のひとつ。18ページ[10]）があるため、「深刻事故が自分たちの園で起こるかも」とはもともと考えません。一方、人間は「想像もつかない将来のできごと」よりも、目先のできごとや「今、しなければならないこと」に意識を奪われます。

[6] たとえば、保育の世界でよく聞く「朝、預かったままの姿でお返しする」という言葉に、私は強い違和感を覚えます。子どもは育ち、ケガもするのですから、「同じ姿」のはずがありません。一方、この言い回しが持つインパクトは大きいはずです。たとえば、言葉が記憶に及ぼす影響に関する例は、『保育現場の「深刻事故」対応ハンドブック』の27ページにあります。

子どもが集団で育っていく保育には、とても大きな価値があります。けれども、集団で関わりあうからこそ存在する日常的なリスク（ケガやケンカなど）もあります。そして、子どもの命に関わるリスクもあります。こうしたリスクを事前に保護者に伝えておくこと（リスク・コミュニケーション。第3章）が不可欠なのです。でも、これまでリスク・コミュニケーションをしてこなかったのが日本の保育施設であり、保育・子育て行政です[7]。そのツケが今になって回ってきているとも言えるでしょう。

保育施設で意識されやすいできごと

　下の図を見てください。これは、皆さんがよくご存じの「ハインリッヒの法則」[8]の模式図です。

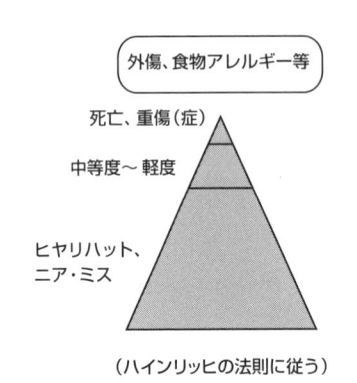

　たとえば、2メートルぐらいの高さの遊具から落ちて亡くなっている園児は、実際にいます。当然、同じ高さの遊具から落ちて、命はとりとめたものの脊髄損傷を負う子どももいます。骨折する子どもはもっとたくさんいて、骨折はしないけれども打撲や切り傷の子どもはたくさんたくさんいて、なんのケガもしない子どもは無数にいます。そして、保育者が見ていないところで落ちたものの無傷だった（＝ヒヤリハットにならないニア・ミス）ケースも無数にあるでしょう。たいていの事故は、深刻な結果になりませんが、一部は非常に深刻になりえます（事故、ヒヤリハット、ニア・ミスといった言葉の定義は23ページ）。

今、保育施設で職員の意識にのぼっているのは、こうしたできごとです。「受診したから受診報告書を出さなければ」と思えば、同じような危なさを意識して、安全の面から対策を考えるきっかけになるかもしれません。けれども、それだけでなく、「受診するほどではないけど、保護者に電話をして話したら怒られたから」「ちょっと赤くなっていて、お迎えの時に保護者に話さないといけないから」など、前項の3つめの深刻さ（対保護者の深刻さ）にあてはまるものがこの中にはたくさんあります。子どもの命にはほとんど関わりがないけれど、「保護者の顔が浮かぶ」という形で意識にのぼるのです。
　そうすると、「どうしたら、子どもが転ばないか（転ばせずにすむか）」「ぶつからないか（ぶつからせずにすむか）」「つまずかないか（つまずかせずにすむか）」「かみつきやひっかきをなくせるか（かみつかせないか、ひっかかせないか）」と、そちらにばかり意識が向かいます（保育者が考えているのは、カッコの中のことです。この努力がいかに不可能で、子どもの育ちにとって有害でさえあるか、考えてみてください）。
　子どもは転び、ぶつかり、つまずき、かみつき、ひっかきながら育つのですから、こうしたできごとは防げません。たいていのでき

---

[7]　日本社会全体がリスク・コミュニケーションをほとんどしていません。
[8]　「ハインリッヒの法則」は、米国における産業安全の先駆者 Herbert William Heinrich が1931年の著書で示したデータから概念化されたものです。産業現場の深刻な傷害事例の背景には多数の中等度事例があり、そのまた背景にはより軽い事例がもっと多数あるのだから、軽いものから学んで深刻事例の予防につなげるべきという内容です。しかし、子どもの事故の場合、産業安全と同じように「軽傷（症）を防ぐことが重傷（症）や死亡の予防につながる」と言えるかどうかは研究されていません。なにより、特に深刻事故ではハインリッヒの法則に従わないものもあります。あくまでも、事故の結果の深刻度の分布を模式化した図と考えてください。

ごとは、子どもの育ちを考えれば防ぐ必要すらないでしょう。

そもそも、保育者が子どもをわざわざ転ばせたり、ぶつからせたり、つまずかせたりしているわけではありません。「ケガをさせて」はいないのです。にもかかわらず、今、保育現場の職員は、こうしたできごとに大変な注意力とエネルギーを注ぎ込まざるをえない状況にあります。

保育施設で意識されにくい、そして命を奪っているできごと

では、この図を見てください。毎年出されている厚生労働省の『保育施設における事故報告集計』を見ればわかるように、保育施設で実際に子どもの命を奪っているのは、こちらです。誤嚥・窒息（息ができないできごと）、水死[9]、そして、睡眠中の死亡もこちらに属します。保育現場で見過ごされているのは、こういったできごとです。

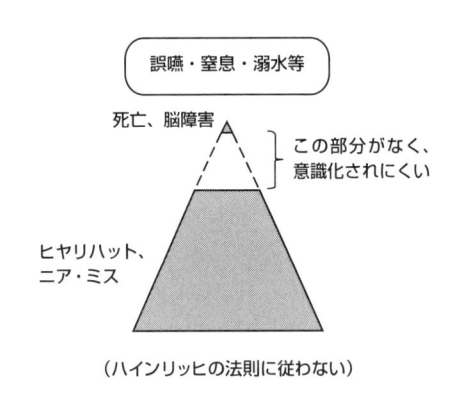

---

[9] 一般には「溺水」「溺死」と言われますが、特にプール事故では、死因が「溺れ」であったかどうかはほとんど不明です（『保育現場の「深刻事故」対応ハンドブック』50ページ）。死に至る最初のきっかけは脳や心臓でもありえます。乾性溺水という現象も起こります。解剖したら肺に水が入っていたから溺死、ではないのです。また、「○○ちゃんがプールの中で押されて倒れた」というようなできごとだけが、ヒヤリハットと考えられがちですが、監視カメラなどに記録されている事例では、子どもが一人で静かにすうっと沈んでいくケースもあります。

食べ物を子どもが詰まらせたり、玩具や小物を口に入れたり…、保育現場でごくあたりまえに起こります。でも、たいていは子どもが自分で口から出す、保育者が気づいて出させる、飲み込んでしまったけれどもウンチに出て終わり。

　つまり、ほぼすべてがヒヤリハット、または誰も気づかない間に起こるニア・ミスです（27 ページ）。保護者に言う必要も感じませんし、園内で共有しようとする意識も生まれません。ところが、ある日突然、「その日に限って、飲んだこと、詰まったことに気づかない」「その日に限って、詰まったものがどうしても出ない」事態が起き、死亡や脳障害が起こります。誤嚥窒息の場合、詰まったものを確実に取り出せる方法はまだありませんから、「その日に限って」「運悪く」（＝確率的に）、どうしても出てこない場合もありうるのです。

　こうしたできごとがヒヤリハットや気づきとして保育施設の職員の意識にのぼることは、現時点ではほとんどありません。もちろん、「窒息死なんて、私たちの園で起こるわけがない」と思っている楽観バイアス[10] の影響もありますが、なにより、意識にのぼるきっかけとなる「ドキリ」がないのです。「おもちゃが詰まって、少し息ができないから病院へ行ってきます」はありません。「今日、給食のお肉が詰まりかけたから保護者に話さなきゃ」もありません。ケガと違って「うわ、痛い！」「血が出ちゃった！」も、まずありません。「大丈夫だった」で終わってしまい、忘れられていくできごとの中に、実は子どもの命を奪っていたかもしれない危なさが多く隠れています[11]。

　一方、プールや水で起こる深刻事故、睡眠中に起こる深刻事故には、ヒヤリハットさえないでしょう。「これは危ない！」と感じるきっかけ自体、ほとんどないのです。そして、ある日突然、深刻な事態が起こります。ですから、こうしたできごとは最初から「私たちの

園でも起こる可能性が十分にある」と考えて、「水の中で動かない」「睡眠中に呼吸が止まっている」といった、ある日突然起こる子どもの異常に早く気づき、死亡や後遺障害の予防（救急処置）をする以外にはありません。

　このように今の保育現場では、子どもの命に関わる危なさが意識にのぼらないまま、命にはほぼ関わらないできごとの対応に追われています。子どもが子どもである以上、ほぼ予防できず、本来は予防する必要もないできごとの対応に追われているのです。これでは、

---

[10] 自分（たち）の側のリスクを他者と比べて過小評価する認知バイアス（ものの見方の歪み）を、「楽観バイアス（optimistic bias）」と呼びます。米国の心理学者 N.D. Weinstein が 1980 年に初めて報告した現象で、事故や災害、大半の病気のように発生確率（リスク）に個人差や集団差があまりないできごとであっても、「（他人に比べれば）私は大丈夫」「（隣の家族に比べれば）私の家族は大丈夫」「（別の組織に比べれば）自分が属している組織は大丈夫」と、自分に近い側のリスクを根拠なく、過小評価する仕組みです。反対に、「良いできごとは自分（の側）に起こる」とも思います（だから、宝くじが売れるのです）。
　2012 年には、このバイアスを司る部分（前頭葉左側の下前頭回）を磁気で刺激する（経頭蓋磁気刺激法、TMS）と、バイアスが消えるという実験結果を示した論文も出ました。つまり、楽観バイアスは進化の歴史の中で人類の脳に埋め込まれてきた機能、おそらく、リスクを過小評価すること自体、人類が危険を冒しながら発展する上で不可欠だったのだろうと推測されています。とはいえ、安全や健康の面では、このバイアスがリスクの過小評価につながり、危機を起こす可能性があります。特に、保育施設は他人の子どもの命を預かる場所ですから、「私たちの園は大丈夫」「私たちの園で子どもが死ぬなんて、あるわけがない」と考えるのは、非常に危険です。(2012 年の論文は、Sharot, T., Kanai, R., et al., (2012). Selectively Altering Belief Formation in the Human Brain. Proceedings of the National Academy of Science, 109, 17058-17062.)

[11] 私がこれまで見てきた限り、誤嚥のヒヤリハットは保育施設でほとんど出てきません。そこで公益社団法人兵庫県保育協会加盟園の協力を得て、2013 年冬にヒヤリハット等を集めたところ、誤嚥のヒヤリハットもたくさん出てきました。(『保育所におけるリスク・マネジメント：ヒヤリハット／傷害／発症事例報告書』、兵庫県・公益社団法人兵庫県保育協会、掛札逸美監修、2014 年 3 月。http://www.hyogo-hoikukyokai.or.jp/pdf/hoikusyo_risk.pdf)

保育者が「ケガを・さ・せ・な・い・ようにしなきゃ！」と委縮して、「転ばないで！」「走らないで！」「よそ見しないで！」とばかり子どもに言い続けることになります。保育は、「ダメ」「やめて」だらけのつまらない仕事になってしまいつつあります。

　こうした保育（子育て）では、子どもは育ちません。同時に、子どもの命も守れません。子どもがケガをしなければ保護者はなにも言わないでしょうから、その点では保育者の心は守られるでしょう。でも、深刻事故の予防はほぼ忘れられていますから、そちらでは保育者の心と仕事は危機にさらされたままです。

　ここまで、保育施設の安全をめぐって起きている混乱を簡単に整理してみました。では、保育現場が本当に今すぐ取り組むべき「深刻さ」は、どのように判断すればよいのでしょうか（それは、保護者や企業、日本社会全体が取り組むべき「深刻さ」でもあります）。次の章では、保育施設において子どもの命を守り、職員の心と仕事を守るために、深刻なできごとの予防を進めていく、そのための基礎となる視点を説明します。

第2章

「深刻さ」を的確に把握するための視点

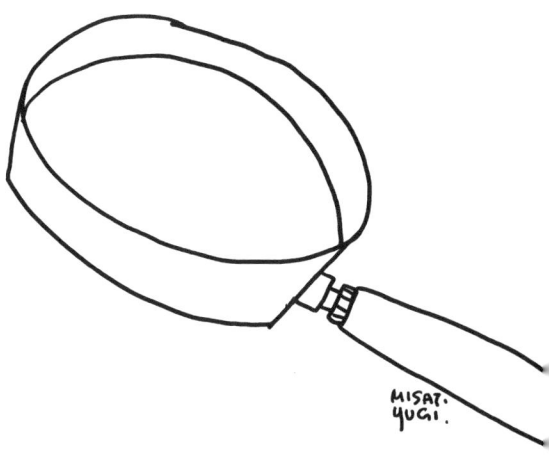

第2章では、保育現場にある深刻な危なさに気づき、「深刻な結果だけは防ぐ対策をとる」ために必要なことを説明します。この章で理解していただきたいポイントは次のことです。

・事故、結果、ニア・ミス、ヒヤリハットの違い（23ページ🐾）
・事故はたくさんの分岐点からなるプロセス。その中では、「運（確率）」も大きく作用する（31ページ🐾）
・人間はミスをする生き物であり、特に、子どもの安全の世界に「絶対大丈夫」はない（47ページ🐾）
・事故で悪意はない。それでも「過失」を問われる可能性がある　　　　　　　　　　　　　　　　　　　　　　　（56ページ🐾）
・リスクとハザードの違い（67ページ🐾）

　これらの項目は、それぞれで内容が完結しています。けれども、各項目が縦横斜めの織物の糸のようになって、全体でひとつの「保育施設における深刻事故予防のための基礎」という形をつくり出します。順番にざっと目を通したら、順序を無視して項目ごとに読んでみてください。または、特定の種類の事故を念頭に置きながら、すべての項目を読み直してください。そうすることで、違った視点が得られると思います。
　安全とリスク、リスク・マネジメントの話は、非常に複雑です。1人で、2人で、グループで、何度でも、いろいろな場面で考えていく材料にしていただければありがたく存じます。

事故とは？ ヒヤリハットとは？

```
┌─────────────── 事故（accident）───────────────┐
│ 意図せずに起きた悪いできごと(結果ではなく、できごとの過程全体を指す) │
│   例：卵アレルギーの子どもの鍋に、誤って卵が入った。           │
│       子どもが昼食後、歯ブラシをくわえて歩きまわりだした。      │
│       保護者Aに渡すべき書類を持って保護者Bのほうに歩く。       │
└──────────────────────────────────────────────┘
         ↓                          ↓
  ┌── 事故の結果 ──┐        ┌── ニア・ミス（near-miss）──┐
  │ 事故が結果に至った │        │ 事故の過程は進んだが、       │
  │ ケガ（傷害※） 食物アレルギー発症 │ 悪い結果は生じなかった場合 │
  │ プライバシー           │        │ ヒヤリハット：              │
  │ 漏えい  等  保護者からの苦情 │ │  ニア・ミスの中で、         │
  │                        │        │  「ヒヤリ」「ハッと」されたもの │
  └────────────────┘        └──────────────────────┘
```

※傷害：外的な要因で体に悪影響が及ぶこと。
　　　　熱中症・低体温症・溺水・誤嚥・窒息、
　　　　毒物中毒等も含む

(1) 事故（accident）

　日本語で「事故」と言うとさまざまな意味にとられますが、安全の世界で使われる「事故（accident）」[1]は、「意図せずに起きた悪いできごと（の過程）」です。結果ではありません。そして、「意図していない」とは、悪い結果を起こそうとする気持ちは誰にもない、という意味です。意図して悪いことをすれば、それは犯罪です。

　まず、事故の特徴は「確率的かつランダムに起こる」──つまり、誰にどんな事故とどんな結果が起こるかは、予測が不可能、できたとしても非常に難しいという点です。たとえば、人に深刻な危害を及ぼす危なさ（ハザード、67ページ）がそのままにされていたとしても、大部分はそれほどではない結果にしかつながりません。でも、いつか必ず、どこかで誰かに、再び深刻な危害が及びます。そして、

いつ、どこで、誰に、どんな深刻な結果が起こるかは、起こるまで誰にもわかりません(「確率的かつランダム」とは、簡単に言うと「宝くじに当たること」です。宝くじの場合は良い結果ですが…)。

わかりやすいのは、交通事故です。自動車には人に深刻な危害を及ぼす危なさがありますが、一方で、なくてはならないもの。自動車をなくすわけにはいきません。そこで、人に危害を与えないようさまざまな努力がなされているわけですが、「つい」「うっかり」の人間という生き物が運転している以上、事故は起こります。たとえば、前を見ないで交差点に入ってきた車がいる！ その瞬間に歩行者

---

[1] 世界で安全に取り組む専門家の中には、「事故(アクシデント、accident)」という言葉を使わず、「傷害(injury)」のみを使う人たちもいます。「英語の accident には『神の業(わざ)』というニュアンスがあり、accident を使っていると『事故は予防できない』と感じさせるイメージがついてしまう」という理由からです(accident にそのようなニュアンスがあるとする文献的証拠はみつかっていないようですが)。

一方で、「事故(accident)は起こるが、その結果が深刻にならなければよい」として、「事故(accident)」を使う専門家もいます(私はこちらに属します)。後でも詳しく書きますけれども、人間が生きている環境から「意図せずに起きてしまう悪いできごと」そのものをなくすことはできません。事故は起こりますし、人間は事故を起こします。特に、子どもはそういう生き物です。でも、その結果が深刻にならなければよい、そのような立場です。そして実際は、accident という言葉を使うか使わないかだけの違いで、「深刻な結果の予防」という点では、世界の専門家は一致しています。

ただし、私たちが生きている以上、本当に防ぎようのない事故で人が死亡することはありえます。その時に、「あれはどうしようもない事故だったんだ」と保護者や近親者が考えられる心理的な、社会的な「すき間」を残しておくことは絶対に必要でしょう。たとえば、子どもをなにかの事故で亡くした保護者が(まったく責任はないのに、または、予防は不可能だったのに)「私が悪かったんだ」と思いつめてしまったり、「親が悪かった」と周囲や社会に追いつめられたりすれば、二次的な悲劇につながりかねません。「事故」という言葉を組織や他人が責任逃れのために使うことは許されませんが、亡くなった人の近親者の心のためには、「事故」という概念は必要なのです。

や自転車上でいあわせるのは、まさに「確率的かつランダム」、つまり「運悪く」なのです（私自身、これで2004年と2012年の2度、救急搬送される傷害を負っています。横断歩道を青信号で渡っていた私にはまったく落ち度はありませんが、2度とも、悪い条件が重なっていたら死亡していた事故でした）。

　保育施設で考えてみましょう。どこかの園で子どもが亡くなったような危なさを、あなたの園でそのままにしておいたら、その危なさで今日、あなたの園で誰かが亡くなるかもしれない。隣の園で明日、誰かが亡くなるかもしれない。もしかしたら、何十年もなにも起こらないかもしれない。それは誰にもわからないのです。ある日、誰かが次に亡くなるまで。

　その危なさを園からなくさない限り、死亡リスクはゼロになりません。もちろん、保育者が予防に取り組んでいけば、死亡リスクはある程度、下げられるでしょう。でも、どんなに取り組んでも、どんなに経験がある保育者の前であっても、死亡リスクはゼロにはならないのです。その危なさがそこに存在する限りは。

(2) 事故の結果

　事故の結果には、さまざまなものがあります。保育施設であれば、たとえば傷害、睡眠中の突然死、食物アレルギーを起こす食材の誤食、給食の異物混入、中毒（化学物質や薬）、プライバシー侵害（書類の取り違え、紛失など）です。

　睡眠中の突然死で、明らかな人為的ミス（例：窒息を起こす原因）がなければ、事故ではないのかもしれませんが、他人の子どもを預かる施設で「呼吸停止にすぐ気づかない」のでは、やはり「事故」の中に入るでしょう。食物アレルギーも一人ひとりの子どものからだの状態ではありますが、「食べさせない」としている食材が「誤っ

てからだに接触してしまった」[2] のですから、保育施設の場合には「事故」に入ります。

　ちなみに、安全の世界で言う「傷害（injury）」とは、「物理的な力によってからだに損傷が及ぶこと」です。ケガや骨折などの外傷だけでなく、やけど（熱や化学物質）、凍傷や熱中症（低温、高温）、異物の誤嚥・誤飲、各種の窒息（息ができない）がここに入ります。今、世界で使われている疾病分類[3] では、毒物や薬品による中毒も傷害とひとまとめにしたグループの中に入っています。

　23 ページの図の中では、「事故の結果」として「保護者の苦情」（「苦情」という言葉については、86 ページ［6］）も入っていますが、これはカッコに入れてあります。なぜかというと、保護者からの苦情は、事故が結果に至ったか至らなかったかどうかや、事故による結果の深刻さとは直接の関係がないから、です。事故が深刻な結果につながったとしても、保護者は「先生たちは予防の努力と対応をしっかりしてくれていたから…」と言うかもしれません。

　逆に、深刻な結果に至らなかったとしても「予防の努力をしていなかった」「救急処置をしなかった」「嘘をついた」「説明をしてくれなかった」といった理由で、深刻な苦情や訴訟につながるかもしれません。こちらは、それまでの保護者と園のつながりやコミュニケーションの質、そしてリスク・コミュニケーション（第 3 章）に大きく左右されます [4]。

---

[2]　食物アレルギーは、アレルギーを起こすたんぱく質が引き金になる現象ですから、「食べること、飲み込むこと」だけが原因になるわけではありません。粉末を吸い込んだり、食べかすが手についた子がアレルギーの子どもにふれたりしても発症する可能性があります。
[3]　厚生労働省『ICD-10 準拠の分類の構成（基本分類表）』
　　http://www.mhlw.go.jp/toukei/sippei/
[4]　詳しくは、『保育現場の「深刻事故」対応ハンドブック』をご覧ください。

(3) ニア・ミス（near-miss）とヒヤリハット [5]

　事故の過程は進んだものの結果に至らなかったできごとを、（ヒヤリハットではなく）ニア・ミスと言います。ヒヤリハットは、あくまでもニア・ミスの中で「ヒヤリ」「ハッと」されたもの、人の意識にのぼったものだけです。

　人間は、身のまわりで起きているすべてのできごとに気づくわけではありません。「見ていても見えない」のが人間です。保育者もまったく気づかない間に子どもが危なさにさらされ、でも、なにも起こらずに、子どもは危ない状況（状態）から解放されるというようなケースは、多々あるはずです。おとななら「危なかった」と自分で話すかもしれませんが、子どもはまず言わないでしょう。「危なかった」とさえ思わないのではないでしょうか。

　また、ニア・ミスに気づいたとして、それに「ヒヤリ」「ハッと」するかどうかは、個人と組織によります（第4章）。たとえば、職員がニア・ミスに気づいて報告する度に保育施設のリーダー層がいつも「大丈夫だよ」「心配しすぎ」と言っていたら、職員の間には「大丈夫なんだ」という気持ちや「言ってもしょうがない」という気持ちが育ちます。逆に、リーダー層が「○○先生がいけない」「ちゃんと見守れ」と個人の責任を追及するばかりだったら、職員は怒られることを恐れて気づきを口に出さなくなるでしょう。

　もちろん、気づきやヒヤリハットは、一人ひとりの職員の知識や経験、安全に対する態度に左右されます。けれども、それをつくり、

---

[5] ヒヤリハットの集め方や活用法については、『保育界』（日本保育協会）の連載（2014年10月～2015年3月）をお読みください。PDFは、NPO法人保育の安全研究・教育センターのウェブサイト「参考資料」。

支えるのは組織（保育施設）の文化です。「文化」とは、具体的には保育施設のリーダー層の安全行動、コミュニケーション行動を指します。そして、リーダー層の行動に支えられて育っていく一人ひとりの職員の気づきスキル[6]、ヒヤリハット・スキル、気づきやヒヤリハットを報告・共有する行動が文化をつくりあげていきます。

(4) 保育におけるヒヤリハットの難しさ

ここで保育の本質と安全が真正面から出会います。「なにを」「どの程度から」ヒヤリハットして、どう対応するかは、保育の場合、施設の価値観、リーダー層と職員の価値観、さらには、一人ひとりの職員の保育スキルと安全スキル、保護者との間のリスク・コミュニケーションのレベルによって変わるからです。

たとえば、医療の世界では「患者に危害を発生させない」という線引きがはっきりしており、ヒヤリハットは「危害が発生していたかもしれないが、発生せずにすんだできごと」です。

ところが、保育活動は「子どもが一切ケガをしないこと」「子どもが（精神的にも肉体的にも）ぶつかりあわないこと」を目的にして

---

[6] 「スキル」の本来の意味は、「トレーニングや経験を通じて、知識や技術などを適時、適切に、意識して使えること」であり、「応用力」とも言えます。知識や技術に上乗せして身につけていくものですから、誰にでも習得できるものであると同時に、意識して努力しない限り、誰にも習得できないものです。たとえば、「3歳児保育の知識と技術」があっても、「今、目の前にいる10人の3歳児を、他の保育者と一緒に保育するスキル」があるとは限りません。「3歳児はこういうもの」で終わらせていたらスキルは身につきませんし、コミュニケーション・スキルがなければ、他の保育者と協力することも、子どもたちとコミュニケーションをとることもできません。保育もコミュニケーションもヒヤリハットも、まったく同じ状況はまず二度とありませんから、知識や技術以上に「今、この時」に応用するスキルの引き出しの数と柔軟性が求められます。

いません。子どもは事故を起こし、事故に巻き込まれ、ケガをする生き物ですから、子どもの事故やその結果のケガにも許容範囲があって当然です。「子どもがまったくケガ（外傷）をしないようにする」は非現実的どころか、子どもの育ちにとっては有害ですらあります。ところが、今の時代は先に書いた「3つめの深刻さ（ケガに対する保護者の意識。12ページ）」があるために、ケガだけでなく、ケガのヒヤリハットまでも予防しなくては、という姿勢が広がってしまっているのです。

とすれば、保育施設が保護者に「私たちの施設では…」という形で「自園における子どもの育ちと事故、ケガの許容範囲」を明確に伝え、伝えた後も保護者と話を続けていくこと（＝リスク・コミュニケーション）が、今の時代には求められています。保護者も保育施設を選べない、施設も保護者を選べない、待機児童の多い地域でこの合意を得ることは、現時点では難しいかもしれません。でも、

里山保育や自然保育をしている保育施設は、こうしたコミュニケーションを実質的にしているわけですし、今後、保育施設の競争が激しくなれば、自分の施設の「挑戦（育ちを促す保育の質）と安全のバランス」を明確に示せることが必須になります。

　もちろん、「子どもはケガをするものだから、どんなケガでもむやみやたらとしていい」というわけではありません。子どもを放っておいて、ケガをしようがなにをしようがかまわない…、それは保育ではないでしょう。学びと安全のバランスを保育者が考え、「これ以上は命に関わる」「これは大きなケガにつながる」とはっきり判断でき、その判断に基づいて実際、子どもの行動に介入できる。内容は施設の価値観とそこで育った一人ひとりの職員の保育スキル、安全スキルによるとは思いますが、保育活動の柱になる部分です。

　ただし、こうした価値観や個々のスキルも、一朝一夕でできあがるものではないという点はおわかりいただけると思います。「今、目の前にいるこの子ども（たち）の育ちに合わせて、どこまで挑戦させるのか。どこが限度なのか」、これを見極めて行動できることは、非常に高度な保育スキルです。発達・教育心理学の中で言う「足場かけ（scaffolding）」、つまり、「たった今、この子どもにこのような促しと支えをすれば、この子は次の段階に進める」、あるいは、「これ以上の促しは危ないし、この子の育ちにも役立たない」と判断して、その子に合った促しと支えをできる。これは、保育者が身につけていく知識、技術、スキルの非常に高度な部分ではないでしょうか。

　とはいえ、ヒヤリハットや気づきの内容、対応方法が保育施設、職員の価値観と保育スキルによって変わるのは、事故の中でもあくまでもケガ（外傷）の場合だけです。睡眠中の突然死、食物アレルギー、プール事故、窒息などには、「この程度までなら許せる」という判断がありえません。こうした事故が結果に至った時に、その子

どもが払う対価は大きすぎ、学びもないからです。また、こうしたできごとはただでさえ意識にのぼりにくいのですから[7]、施設全体で予防行動に取り組む以外にないのです。

事故の結果は介入と運（確率）に左右される

(1) 事故は、「～か～か～か」のプロセス

事故は、過程（プロセス）です。しかも、始まりから終わりまで一直線ではなく、途中に無数の分かれ道（分岐点）があるプロセスです。そして、それぞれの分かれ道で次にどちらへ向かうかは、その場にいた人の判断、行動、加えて、運（確率）の組み合わせで決まります。

食物アレルギーの誤食はプロセス全体が長く、わかりやすい例です。以下、「…か…」でつながっている所が、分岐点です。

設定：卵アレルギーの子ども用のスープを作っている鍋に、溶き卵がポトリと入ってしまった！　その瞬間に誤食事故のプロセスが始まりました。

①「あ、卵が入っちゃった！」（調理師本人が気づく）…か…
②「あ、卵が落ちたよ！」（本人は気づかなかったが、隣の調理師が気づく）…か…

---

[7] 食物アレルギーは軽症や中等度症もありますから、意識にのぼるでしょうし、対策をしようという動機づけも生まれるでしょう。けれども、次にお伝えする通り、食事は過程が長く、複数の人の手を渡り、ミスが起こり、ミスが確認をすり抜けがちであるため、予防対策自体が困難という課題があります。

③「あ、入った」と気づくものの、「卵アレルギーの子どもの鍋だ」と思わなかったので言わない…か…
④「あ、入った」と気づくものの、「これぐらいなら大丈夫」と思って言わない…か…
⑤ 誰も気づかない…か…。

　このように、今、思いつくだけでも複数の分岐点があります（他にも、自分の園ではどんな分岐が生まれるか、考えてみてください）。そして、①と②では、「作り直し！」と言うのか言わないのか、「作り直し！」と言われても「これくらいなら大丈夫」と作り直さないのか、という次の分岐点が生まれます。
　その後、卵が入ったまま、調理室から保育者に渡された場合…、

①「卵除去って言ったけど、このスープ、卵が入っているんじゃない？」と保育者が言う…か…
②「卵除去って言ったけど、卵、入ってるみたい。でも、調理の先生は除去って言ったから大丈夫だよね。作り直しても、時間がかかるし」と保育者が考えてそのままにする…か…
③ 保育者はまったく気づかない…か…。

　さらに、①だけをとっても、「入っていませんよ」と調理師が言って保育者が「あ、じゃあ、大丈夫ね」で終わってしまうのか…、「え、入っていますか？」と調理師が言って「作り直します」と言うのか…、調理師が「作り直します」と言ったのに対して保育者が「でも、これくらいなら大丈夫じゃない？　スプーンでとるから大丈夫」と言ってしまうのか…、「作り直してくれる？　ありがとう」と言うのか…、といった分岐点が生まれます。

さらに食物アレルギーの場合、アレルギー食材を食べても「その日に限って幸運にも（＝確率的に）」症状が出ないケースもありえます。そうすると、すべてのチェックを通り抜けてしまい、子どもの口に入ってしまったにもかかわらず誰も気づかないニア・ミス（ヒヤリハットにならない）も日常的に起きているはずなのです。
　…と、この例だけを見ても、ひとつの分岐点で職員がどんな判断と行動をするかが重要だとおわかりいただけると思います。一方で、判断や行動とは別に、運（確率）も結果を左右している点は明らかです。「一瞬、見ていなかった間に」や「今日に限って、症状が出なかった」のような、「運」や「偶然」（＝確率）を表す言葉が分岐点のあちこちに出てきます。事故の結果をできる限り運（確率）に任せたくないのであれば、判断と行動を、必要な箇所で、いかに正確に、的確にするか、です。

(2) 分岐点で必要な判断と行動
　一瞬で起こるように見えるケガ（外傷）や誤嚥でも、分岐は無数にあります。分岐のごくごく一部をイラストにしたのが次ページの図です。
　そして、食物アレルギーでもケガでも誤嚥でも、それぞれの分岐で「気づくか気づかないか」、気づいたとして「どう判断し、どう行動するか」が鍵になります。判断や行動の基礎は、大きく分けて2つあります。「命を守ること」が主体になる場合と、保育と安全のバランスを考える必要がある場合です。

a.「命を守ること」が主体の場合
　食物アレルギーの場合、アナフィラキシー・ショックを起こしたら、たとえアドレナリン自己注射薬（「エピペン」など）を打っても

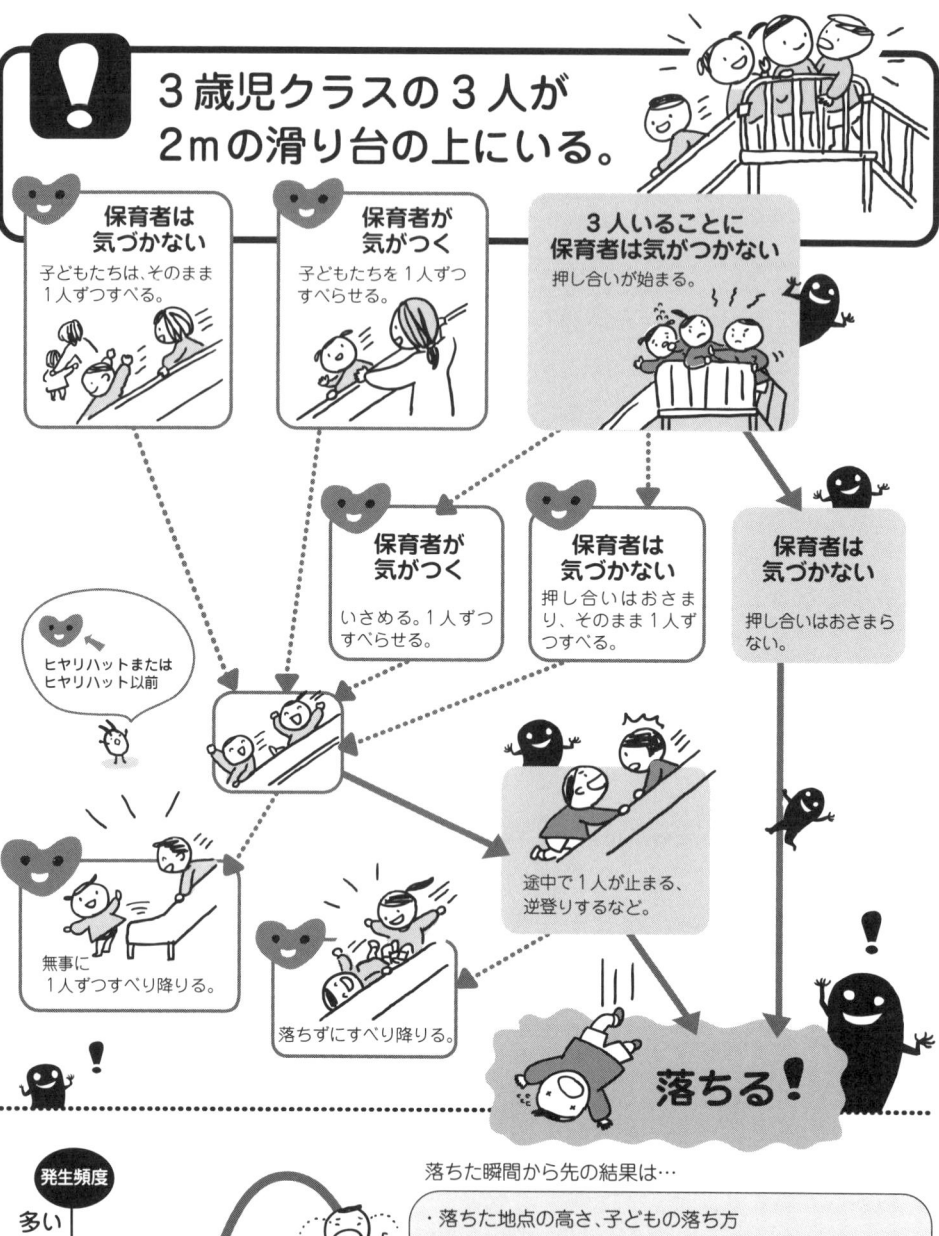

3歳児クラスの3人が2mの滑り台の上にいる。

保育者は気づかない
子どもたちは、そのまま1人ずつすべる。

保育者が気がつく
子どもたちを1人ずつすべらせる。

3人いることに保育者は気がつかない
押し合いが始まる。

保育者が気がつく
いさめる。1人ずつすべらせる。

保育者は気づかない
押し合いはおさまり、そのまま1人ずつすべる。

保育者は気づかない
押し合いはおさまらない。

ヒヤリハットまたはヒヤリハット以前

無事に1人ずつすべり降りる。

落ちずにすべり降りる。

途中で1人が止まる、逆登りするなど。

落ちる！

落ちた瞬間から先の結果は…
・落ちた地点の高さ、子どもの落ち方
・勢い（つきとばされたか、など）
・地表の材質（クッション材の有無）や状況（危険な物の有無）
・保育者がついていた場合、手をさしのべられたか。手をさしのべたとして、受けとめられたか

…などの諸条件により、確率的に決定される。

発生頻度 多い／少ない

ヒヤリハット以前　ヒヤリハット　軽傷　中等度傷〜重傷　死亡

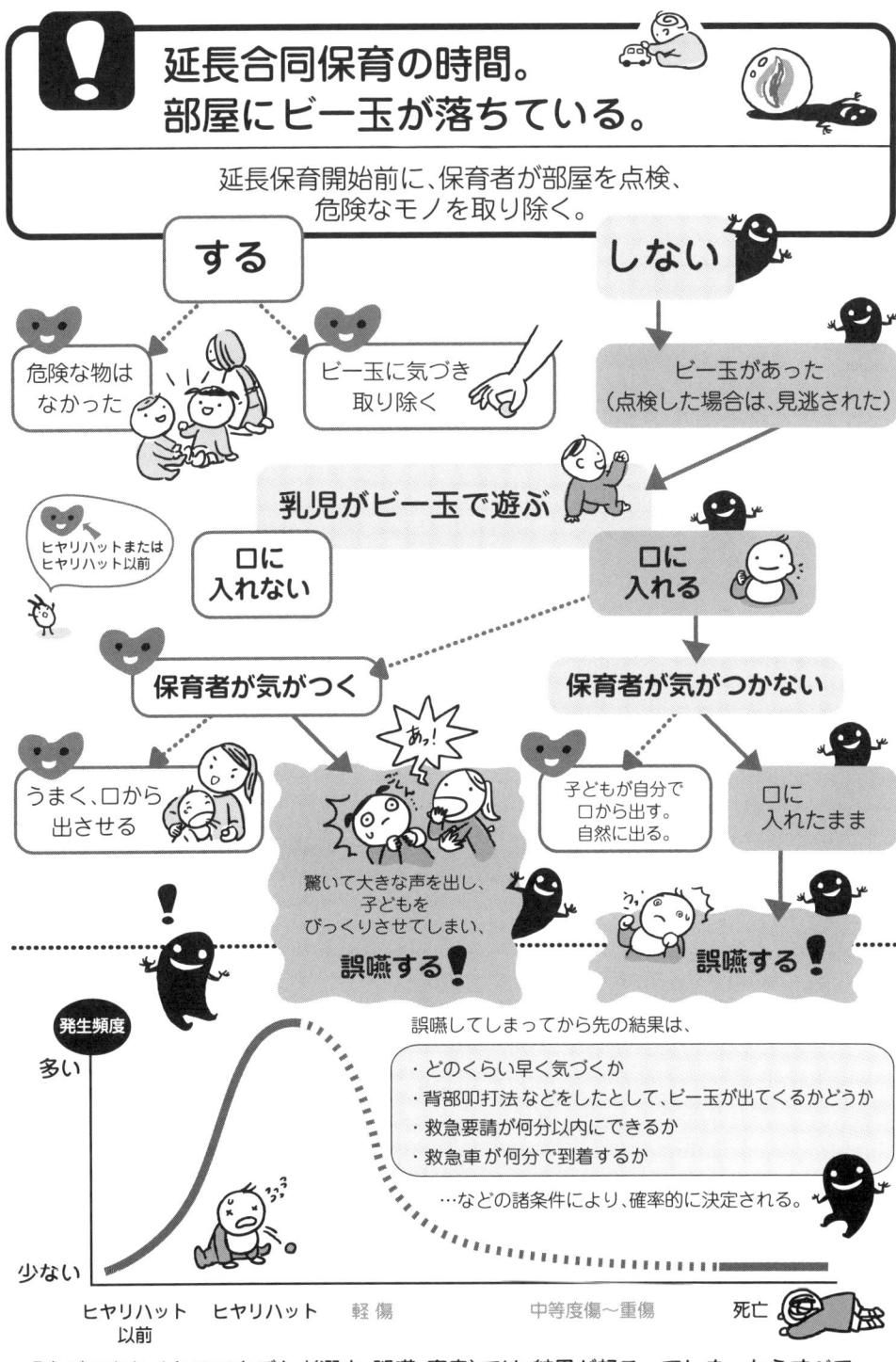

延長合同保育の時間。部屋にビー玉が落ちている。

延長保育開始前に、保育者が部屋を点検、危険なモノを取り除く。

する →
- 危険な物はなかった
- ビー玉に気づき取り除く

しない → ビー玉があった（点検した場合は、見逃された）

乳児がビー玉で遊ぶ

口に入れない → ヒヤリハットまたはヒヤリハット以前

口に入れる

保育者が気がつく
- うまく、口から出させる
- あっ！ 驚いて大きな声を出し、子どもをびっくりさせてしまい、**誤嚥する！**

保育者が気がつかない
- 子どもが自分で口から出す。自然に出る。
- 口に入れたまま → **誤嚥する！**

誤嚥してしまってから先の結果は、
- どのくらい早く気づくか
- 背部叩打法などをしたとして、ビー玉が出てくるかどうか
- 救急要請が何分以内にできるか
- 救急車が何分で到着するか

…などの諸条件により、確率的に決定される。

発生頻度（多い／少ない）

ヒヤリハット以前 ／ ヒヤリハット ／ 軽傷 ／ 中等度傷〜重傷 ／ 死亡

「息ができなくなるできごと」（溺水、誤嚥、窒息）では、結果が起こってしまったらすべて、非常に深刻（死亡、脳障害など）。それ以外はほぼすべて、ヒヤリハットか、ヒヤリハット以前。

命を必ず救える保証はないと考えるべきですから、アレルギー食材の除去が子どもの命を守る原則です。これは未就学児にできることではなく、おとな（保育施設や自治体、給食提供施設）の責務です[8]。「私たちの施設では、こういうふうに給食を提供しているから、こことここで大きなミスが起こる可能性があるね。あ、ここでも実際にミスが起きている。じゃあ、ここで事故の分岐が『悪い方向＝誤食』へ行かないようにするには、どう判断して、どう行動すればいいかな」と考え、ミスを減らすために取り組むことが、施設として負っている社会的責任なのです。

　また、誤嚥の場合、口に入れたビー玉を子どもが出すか出さないか、飲み込んだとして誤飲（食道側）になるのか、誤嚥（喉または気道で詰まる）になるのか、誤嚥した（詰まった）として腹部突き上げ法や背部叩打法で出るのか出ないのか…。口に入れてしまった後は、かなりの部分が運（確率）に左右されます。

　ゼロ歳や1歳の子ども特有のなんでも口に入れる行動は防げませんし、口に入れたからといって、それが安全なものならばやめさせる必要もありません。ということは、ゼロ歳や1歳の子どもたちの

---

[8] 保育・教育現場では「違う献立だとかわいそうだから」と、見た目では区別のつかないメニューにする場合が少なくないようです。見た目が違う献立を出していれば、年上の子どもなら自分たちで「違う」「同じ」「食べちゃいけないものがある」と気づけるかもしれません。でも、見た目が同じで味もほとんど同じならば、子どもが自分で気づくことはとても難しくなり、おとなもかん違いをしやすくなり、結果的に誤食のリスクが上がります。
　生涯続く食物アレルギーがあるなら、一生、自分で食事をコントロールしなければなりませんし、「アレルギーがあるから、それは食べられません」と自分で言い、まわりも「この人は食べられないんだ」と理解しなければならないのです（私自身、成人発症の食物アレルギーを持っていますから、この点はよくわかります）。「命」と同時に「多様性」「一人ひとりの違い」も尊重できる取り組みを、保育・教育の場でももっと積極的にするべきだと私は考えます。

手が届く場所に誤嚥・誤飲の危険があるもの（食べ物、玩具、部品など）を出しておかないことが予防の鍵になります。

　少し年上になれば、ふざけながら食べたり、ふざけておもちゃを口に入れたりします。「詰まったら苦しい」という危なさも、子どもはわかっているかもしれません。それでも、子どもは自分でふざけたり、他の子どもにふざけて働きかけたりします。他人の子どもを預かる保育施設としては、「○○ちゃんがふざけて背中を押したから、△△ちゃんの喉に詰まったんです」「出そうとしても出なかっただけです」と言って窒息死の責任を逃れられるわけではありません。そうすると、「子どもはふざける」を前提として、誤嚥・誤飲の危険が大きいものは最低限、取り除いておく必要があります[9]。

　プール事故や睡眠中も、言うまでもなく、こちらの中に入ります。

b. 保育と安全のバランスを考える場合

　食物アレルギーや誤嚥・誤飲、水の事故、睡眠中の異常は、子ども自身が自分の命を守ることのできない（難しい）できごとですから、おとなの予防行動が中心になります。けれどもケガ（外傷）、特に、遊んでいる時のケガは、それぞれの分岐点で保育者がどんな判断をし、行動をするかが、その場その場で変わります。

　たとえば園庭で遊んでいる時、もうすぐ2歳になるAちゃんが小型ジャングルジムの棒を握って片足をかけ、「ふんっ」と力を入れました。すると、からだが浮きました。この時、「あ、危ない！」と思っ

---

[9] これまで36か月の子どもについて「直径39ミリ（＝トイレットペーパーの芯）」とされてきた誤嚥・誤飲の危なさが、今は「45ミリ」と「32ミリ」、2種類の危なさに分けられています。詳しくはNPO法人保育の安全研究・教育センターのウェブサイト「トピックス」。

て、保育者Bが「ダメだよ、登っちゃ」とAちゃんをジャングルジムから離す、という分岐もありえます。でも、子どもの育ちを促す視点から考えたら、その分岐がすべてではないでしょう。

　この時の判断の基準は、ひとつではありません。保育者Bの位置、保育者Bが今この時にみている他の子どもたちの状況、他の保育者の位置と他の保育者がみている子どもたちの状況、保育者Bの保育スキル…、すべてが行動決定の基準になります。たとえば、新卒の保育者であれば、こうしたスキル・セットはまだ身についていませんから、「できるはず」とは思わないで、周囲にいる経験者の先輩に声をかけ、Aちゃんについて判断をあおぎ、自分の判断と行動にアドバイスをもらうべきです。

　では、経験のある保育者であれば、どんな判断が可能でしょうか。いくつか考えてみると…。

① 「あ、ダメだよ」と言って、Aちゃんをジャングルジムからすぐに下ろす。
② 1メートル離れた砂場で他の子どもたちを遊ばせながら、「あ、登れた。大丈夫かな」と考えながら見守る[10]。
③ 「あ」と思って、園庭の様子を見渡して他の保育者の位置を見てから砂場を離れ、Aちゃんの横に立つ。「砂場の子たちは、熱

---

[10] 2012年に渋谷区立本町第三保育園で行った実験の結果、遊具から落下する子どもを受けとめられるのは、保育者がその子の真下にいた時だけだということがわかりました。一歩でも下がっていたら間に合いません。1メートル離れていたら、絶対に間に合わないでしょう。報告書はNPO法人保育の安全研究・教育センターのウェブサイト「参考資料」。

心に穴を掘っているし、口に入れて危ないものもないから、Aちゃん、ちょっと頑張ってみる？」と、Aちゃんのお尻の下に手をさし出し、「よし！ 頑張って！」と声をかける（お尻を押し上げるわけではない）。声をかけながら、砂場のほうをチラチラと見る。すると…。砂場で子どもの怒った声が聞こえる。

③からの分岐 a：「Aちゃん、できた！ 今日はここまでだね」とAちゃんを抱き上げ、砂場に戻る。

③からの分岐 b：砂場の反対側の遊具で子どもと一緒にいる保育者Cを見ると、そちらの子どもたちは落ち着いて遊んでいる様子だったので、「C先生！ 砂場の○○ちゃんが怒ってるんだけど、ちょっと見てください。お願いします」と頼む。保育者Cから「はい！ わかりました」という返事が戻ってきたので、砂場のほうも見ながら、もうしばらくAちゃんにつく。

　こうした判断や行動の背景に、「保護者」という要素が関わる場合もあります。「うちの子にケガをさせないでください」と言う保護者がいる時に、その子どもをどう扱うかは、残念ながら今の時代、保育現場で考えざるをえません。とはいえ、これも入園当初のリスク・コミュニケーションや、その後の情報発信（子どもの育ちと安全のバランス）、園と保護者との信頼関係の醸成、さらには、保護者間の関係の変化[11]によって変わる可能性が十分にあります。

---

[11] 保育施設に子どもを預けている保護者の大部分は、園に感謝している味方です。現実にはたくさんいるはずの保育施設の味方を「もっと強い味方」にすることが、保護者間の関係も変えます。そのための取り組みのひとつが、後で述べるリスク・コミュニケーションです。

(3)「予測される最悪の深刻」を考えて、分岐点の行動をする

　子どもの命が失われないようにするのは、おとな（保育者）の責務です。一方で、保育と命のバランスを判断することは、保育者という仕事の核心です。その中で最低限、子どもの命を守り、子どもに深刻な事態（重傷・重症、後遺障害など）が起きないようにし、保育者自身の心と仕事を守ろうとするならば…、

> 「この事故で起こりうる最悪の事態」を予測し、最悪の事態が深刻でありうるならば、最低限、その深刻な事態だけは防ぐ努力をする。

　つまり、今、目の前で起きた結果（ヒヤリハット、ケガ、発症など）そのものにとらわれることなく、まずは、死亡などの深刻な結果につながる可能性のあるできごとだったかどうかを考えます。そして、深刻な結果が起こりえたなら、自園で起こりうる「〜か〜か〜か」の分岐点を洗い出し、どの分岐点でどんな具体的安全行動をとれば、最低限、深刻な結果だけは予防できるかを考えるのです。

　この時、人間にはもともと楽観バイアス（18ページ［10］）がありますから、できる限り、「起こりうる最悪の事態」を考えずにすまそうとします。「私自身」「私の子ども」「私の家族」なら、楽観バイアスは大事です。「私（の子ども、家族）は大丈夫」と思えなかったら、つらくて生きていけませんから。前向きに生きていくためには楽観バイアスは必要ですし、だからこそ人類の進化の中で、このバイアスが大脳前頭葉に組み込まれてきたと考えられます。

　けれども、「他人の子どもの命を預かっているプロ」として、他人の子どもの命に関してはっきりした根拠もなく「大丈夫」と言うことは、きわめて危険です。安全や健康の世界に「絶対大丈夫」は

ありませんし、子どもはおとなが予測しない行動をする生き物です。他人の子どもの命に関わる以上、子どもの深刻事故、事故後の訴訟などのニュースを学び、「私たちの園でも起きるかもしれない。どんな対策を立てたらいいかな」と考える習慣をつけていくことが不可欠です。その時、「最悪を考えたくない、『私たちは大丈夫』と思いたいのが、私たち人間なんだ」と、自分たちにしっかり言い聞かせてください[12]。

では、保育施設で起こりうる最悪は…？ 保育施設は子ども用につくられた場所ですから、家庭に比べればずっと安全です。それでも、子どもに深刻な結果が起こりうる例として、次のようなできごとがあります（これらがすべてではありませんし、園の環境・設備によって深刻な危なさは変わります）。

a. 食物アレルギー [13]

「今まではかゆくなるだけだったから、アナフィラキシーは起こさない」「アレルギーがあるけど、たいした症状じゃない」とは言えません。アナフィラキシーを起こす可能性は、ゼロではないのです。

---

[12] 人間は、当事者に非があったのではないかと考えがちな認知バイアス（根本的原因帰属の誤り、Fundamental Attribution Error）も持っています。「その人が悪かったから」「その組織がいけなかったから」と言えれば、「私は大丈夫」と感じることができるからです。他の保育施設、他のクラスで起きた事故を「その園が悪かったんでしょ」「その先生が悪かったんでしょ」と言いがちですが、そこで「私（たち）は大丈夫」「私たちには関係ない」と思ってしまうと、リスクと対策を考える大切なきっかけを失ってしまいます。

[13] 食物アレルギーに関する基礎知識や事例が載っている資料としては、たとえば、認定NPO法人アレルギー支援ネットワークの『ひやりはっと事例集』（2012、2013、2014年）があります。同団体のウェブサイト http://www.alle-net.com/into/info06/ からダウンロードできます。

誤食を防ぐため、職員が毎日、毎回、的確な確認行動を効果的にする以外に方法はありません。

　ピーナッツ、ゴマ、ソバなど、劇症になりがちで、給食で使う必要性自体が低いものは最初から使わない、人手が少ない週末や夕方のメニューはできる限り除去をしなくていいメニューにしておく、除去食はできる限り見た目で違いがわかるものにしておく（36ページ［8］）、といった取り組みは可能です。けれども、アレルギー食材すべてを全員の食事から除去することはできない以上、除去食を確実にその子どもに届けるためのおとなの確認行動が柱になります。

b. 誤嚥（窒息）

　日本全体では年間50人前後の小さい子どもが誤嚥窒息で亡くなっています（国際死因分類コードのW78〜W80）。保育施設でも、明らかになっているだけで年に数人、亡くなっています。腹部突き上げ法や背部叩打法をしても「詰まったものを確実に出せる」とは限りません。起こりうる最悪は、死亡や脳障害です。そして、命に関わらない受診例はほぼありえませんから、小さなヒヤリハットや日常の気づきから深刻な危なさをみつけ、それを保育現場からできる限り取り除くことだけが実効性のある予防方法です。

　特に、なんでも口に入れる時期の乳児の場合、「口に入れないで」と言っても効果はないので、危なさの除去がもっとも重要です（特に、異年齢保育や合同保育の時）。にもかかわらず、現場で食べ物や玩具、小さな部品などの誤飲・誤嚥のヒヤリハットが報告・共有されていることは非常に稀です。

c. 睡眠中の突然死

　これは、一定の確率で起こります。ヒヤリハットも気づきもほぼ

ありませんから、「私たちの園でも起こりうる」という前提で、リスクの低減（寝かしつけからあおむけ寝）と死亡の予防（午睡チェック、救急対応）をする以外にありません。

また、当然のことですが、窒息の原因は睡眠前、睡眠中に確実に取り除きます。こちらは、万が一の事態が起こった場合、突然死ではなく窒息死となり、過失を問われる可能性もあります。突然死は、あくまでも窒息の条件を取り除いた後のことです。

d. プール事故

プール（水）活動は、子どもたちが大好きな、でも、子どもの命を容易に奪う可能性のある危なさにわざわざ子どもを入れる活動です。水の深さと安全は無関係ですし、急に心臓や脳が止まったり気が遠くなったり足が滑ったりして倒れ、そのまま水に浸かっていれば死亡します。

プール事故は睡眠中の突然死同様、「私たちの園でも、どの子にでも起こりうる」が大前提です（16 ページ［9］）。子どもの異常に早く気づける体制（例：プールの大きさに対して子どもを入れ過ぎない。監視できない数の子どもを入れない。実行でき、効果のある監視行動をする、など）をつくり、異常に気づいたらすぐに子どもを水から上げ、救急対応をしましょう。監視行動を十分にできない日はプールをしない、という決定も不可欠です（64 ページ）。

e. 置き去り（取り残し）

「公園に一人、置き去りにして帰園」のようなケースでは、誘拐や死亡の可能性がありえます。誰にでも実行可能で、効果のある人数確認行動を繰り返すしかありません。

取り残しは、園内や園庭でも起こります。また、狭い所や一人に

なれる場所が好きな子どももいますし、誰でもそんな場所にいたい時はあるでしょう。子どもにとっては大切な時間、大切な場所ですから、そういった場所をすべてなくして、子どもがいつも集団の中にいるようにする必要はないと、私は考えます。「あの子はあの場所が好きだよね」とわかっておいて、その場所へ確認に行けばよいのです。

f. 車道への飛び出し

　これはヒヤリハットがきわめて多く、保育者の危機感も高いリスクです。自動車やバイク、自転車が来て、間に合わなければ、死亡の可能性があります。

　散歩経路の道路環境が安全とは言えず、どうしても手をふりほどいてしまう子ども、走り出してしまう子どもがいるのであれば、保護者と相談した上で、子ども用のリードを使うという選択も必要でしょう[14]。「なにがあっても、私は手を離しません」「走り出しても、追いかけて絶対に命を守ります」と言うのは簡単ですが、果たして本当に「どんな状況でも」「必ず」できるのかどうか…、できるはずがありません。

---

[14] 人混みなどで、よちよち歩きの子どもにリードを付けている保護者を見ることも増えました。「うちの子は手をあまりつなぎたがらない」「この子は、走り出したりはあんまりしないけど、荷物で両手がふさがってしまう時は怖い」、だからリードを使いたい、でも「子どもをイヌみたいに扱って」と言われるのがいやだと躊躇する方もいます。そういう時には、「『子どもを一番よく知っているのは私です。この子の命を守るのも私です』と、はっきり言ってください」と私はお話しします。他人は言いたいことを言うかもしれませんが、子どもが車にはねられたり、誘拐されたりしてからでは遅いのです。

g. 遊具の高い場所からの転落

　遊具の遊びは、保育と安全のバランスを考えるべき領域です。ただ、高い場所からの転落は、安全を優先して判断する必要があります。なぜなら、1メートル、2メートルの高さの遊具から落ちて亡くなっている園児が複数いるからです。

　一方、世界のどこにも「子どもが落ちても安全な高さ」を示したデータはありません。年齢や落ち方、打ちどころ、地表面の条件によっては、1メートルでも50センチでも命や後遺障害のリスクはゼロではないと考えて判断する必要があります。

　「子どもが滑り台から落ちましたが、なんともありませんでした」「骨折ですみました」という話をよく聞きます。人間には手足がありますから、落下すればたいていの場合、腕や脚から地表にぶつかるのでしょう。手足がクッションになれば命をおびやかす箇所は守られますし、落ちた時、命に関わる場所を直撃する確率は（からだ全体のバランスから考えれば）高くないはずです。そうすると、遊具の高い所から落ちたけれども大丈夫だったという事例が多くなります。けれども、死亡例がある以上、「私が見た子どもは大丈夫だった」は、「落ちても大丈夫」と言う根拠にはなりません。

　もうひとつ、ここには「生存者バイアス（survivorship bias）」[15]と呼ばれる論理的誤りも隠れています。日本社会では、事故現場にいあわせた保育者は処分されたり、（自主的に）退職したりする確率が高いでしょうから、「保育現場で働き続けている」、そのこと自体が、本人の努力と運（確率）の結果、まだ深刻事故に遭遇していないという事実を表しています。深刻事故に遭った保育者は現場を去り、その人たちの経験は見えなくなってしまいます。もっと悪いことに、これまでの日本では、保育現場で深刻な事故が起きても報告義務はありませんでしたから、どこにも報告されずに消えた事例が

いくつもあるはずなのです（現時点でも、報告義務のない保育施設は多数あります）。

　生存者バイアスは遊具からの転落事故だけでなく、あらゆる事故にあてはまります。ただ、特に遊具からの転落の場合、無傷、軽傷、骨折といった、命には別状のなかった結果を見ている保育者（＝働き続けている）が現場にたくさんいるため、「これぐらいですむはず」「落ちてもたいしたことにはならない」という楽観バイアスの強化につながりやすいと考えられます。

　そしてもうひとつ、高い遊具から転落した、衝突した、または加速のついた状態で転んだなどの結果、頭を打つことがあります。この時、保育者は「傷があるかどうか」「コブがあるかどうか」を気にしがちです。けれども、実際は外傷（ケガ）ではなく、脳の中が問題なのです。脳の神経細胞が大変な勢いで成長している子どもの場合、「頭を打つ（脳震とう）」ことはおとな以上に影響が大きく、場合によっては、後になって影響が出る可能性もあることが、近年の

---

[15] 生存者バイアスは、認知バイアス（ものの見方の誤り）ではなく、論理的思考の誤りです。第二次世界大戦中の米国で、帰還した戦闘機を対象に「機体のどこが爆撃に弱いか」を調べるプロジェクトが進められました。この中で統計学者 Abraham Wald は、「帰還しなかった戦闘機は帰還できないほどの損傷を負ったのだから、帰還できた戦闘機で損傷していない場所（例：エンジン）を強化するべきだ」と提言しました。これが生存者バイアスの最初の例です。簡単に言えば、「死人に口無し」です。
　生存者バイアスは、日本のように深刻事故の原因を「親がちゃんとみていれば」「保育者がみていれば」と言いがちな文化で起こりやすくなります。自分の子どもや自分がみていた子どもに深刻な結果が起きれば、ただでさえ、保護者はもちろん保育者も「自分が悪かった」と思うでしょう。そこに社会が「おまえが悪かった」と追い討ちをかけていけば、「製品が悪い」「環境が悪い」と声をあげることはどんどんできなくなっていきます。そうすると、深刻事故はいっそう表に出なくなり、次の予防が難しくなります。

研究からわかってきました[16]。

　子どもが頭を強く打った（打った可能性がある）時には、「傷がないから大丈夫」ではありません。まずは動かしていいかどうかの判断をして、場合によっては動かさずに救急車を呼ぶ。子どもが自分で動いたり話したりしていても、五感の刺激が少ない環境（事務室や相談室）に移して、言葉、機嫌、体調などの変化を観察、できれば医師の診断を受けたほうがいいでしょう。「あの時に頭を打ったから、今になって…」と、たとえば10年後に因果関係を問われるケースはないと思いますが、子どもの将来を考えると、目に見えない傷害を子どもに負わせたくはありません。

人間はミスをする生き物

(1) 子どもは異文化。事故は予防できない

　すでにおわかりいただけたと思いますが、世の中から事故をなくすことはできません。「事故予防」は、そう簡単にはできないのです。人間は「つい」「うっかり」「面倒くさい」生き物で、注意がすぐに途切れ、うわの空になる生き物で、かつ「私は大丈夫」と自分のリスクを過小評価する生き物ですから、事故を起こしますし、事故に巻き込まれます。ましてや、子どもは発達途上です。事故を起こし、失敗し、そこから学ぶのは、子どもが育つ必須条件です。

---

[16] 脳震とうというと、「気絶すること」とお思いの方もいると思いますが、脳震とうの大部分は気絶を伴いません。脳が急激に発達している時期である未就学児の脳震とうの影響はまだ研究途上ですが、2014年の段階では、脳震とうの影響を軽視せずに休息をとらせるよう、Pediatrics誌に提言が載りました。Meehan, W.P., & Bachur, R.G., (2014). The Recommendation for Rest Following Acute Concussion. Pediatrics, 135.

「失敗学」をつくり、長年にわたって「失敗から学ぶこと」の大切さに取り組み続けている畑村洋太郎東京大学名誉教授は、ご自身が委員長を務めた東京電力福島原子力発電所の事故調査・検証委員会報告を発表した後の記者会見（2012年7月23日）で次のようにおっしゃっています。

　「まず、一番目は『あり得ることは起こる。あり得ないと思う事も起こる。』ということです。（中略）例えば『長時間の全電源喪失は考えないでよい』という風に安全委員会が決めたときから、皆そのことを考えないようにしています。しかし、実際にはこういうことが起こった訳です。私たちは、『あり得ることは起こる』という風に考えていたのですが、国際会議で指摘されたのが、『あり得ないと思える事すら起こるのだ』ということが原子力の怖さなのだということを理解しないといけないということを外国の専門家から、具体的にはフランスのラコステさんですが、そういう指摘を受けました。こういう所から学ばないといけないという風に思います。」[17]

　「ありうることは起こる」（原発事故であれば、長時間の電源喪失

---

[17] 記者会見の内容は、こちらにあります。
　　http://www.cas.go.jp/jp/seisaku/icanps/120723KishaKaiken.pdf
[18] 畑村名誉教授の『だから失敗は起こる』（DVD付。NHK出版、2007）は、事例を中心にポイントがわかりやすくまとめられています。機械やシステムの視点なので、保育とは異なる部分もたくさんありますが、米国式の心理学や傷害予防から安全の世界に足を踏み入れた私が、「そう、その通りです！」と思う点もたくさんあります。
　　たとえば、畑村名誉教授がおっしゃっている「逆演算」の考え方は、31ページの「〜か〜か〜か」や40ページの「最悪の深刻を予測して、そこだけは予防する」とほぼ同じです。畑村名誉教授は、「起こりうる事態をすべて予測し、『もしもAがダメだったらB』といった具合に、さまざまな道筋を想定して対応策を準備していく（中略）。想定漏れを防ぐには、起こる可能性のある最悪の結果を設定し、そこに至る道順を逆に探していく『逆演算』の考え方を取り入れることも忘れてはなりません」（同書100ページ）と書いていらっしゃいます。

はありうる）のだから、最悪を想定して予防策を立てなければならない、これは畑村名誉教授が繰り返し強調しているポイントです[18]。それと一緒に「ありえないことすら起こる」という言葉を読んだ時、「ああ、子どもも同じだ」、私はそう思ったのです。子どもは、おとなの想像を超えた行動、おとなにとっては「ありえないこと」すらします。子どもはおとなとは違う異文化で生きているからです。

　ある時、ゴキブリを捕まえる紙製のワナを子どもがくわえて遊んでいたそうです。それを見たお父さんがビックリして「こら、なにしているんだ！」と言ったら、驚いた拍子に子どもはワナの中の死んだゴキブリを飲み込んでしまいました（窒息する形状ではありませんし、病院ですぐに取り出されました）。この話をすると、皆さん、「え〜！」「ぎゃ〜！」と反応なさいます。

　でも、子どもにとって、ゴキブリは汚いものでもなんでもありません。紙製のワナは「家の形をしたおもしろい筒」です。おとなからしたら、「そんな汚いものを口に近づけるわけがない」「そんな変なことをするはずがない」、でも、子どもにとっては汚いものでもなんでもなく、「おもしろいこと」「興味をひかれるもの」なのです。

　さらに言えば、たとえば、私が5年間住んでいたコロラド州の北部にはゴキブリがいません。北米にはカブトムシもクワガタムシもいません。コロラド人に「これ、かっこいいでしょ」とカブトムシとクワガタムシの写真を見せたら、「なに、これ。刺すの？」とけげんそうに言われました。コロラド人にしてみれ

49

ば、この3種類の虫のうち一番「まとも」に見えるのはゴキブリのはずです。子どもでなくても、文化が違えば見方は違います。

　子どもは異文化に生きている。おとなが思いもよらないことを子どもは考えて、やってみる。だからこそ、保育や子育ては楽しい。でも、異文化だからこそ、おとなにとっては「ありえないこと」も子どもには起こりうると考え、深刻なできごとについてだけは想定と予防をすることが必要となります（ゴキブリを飲み込むぐらいなら深刻なできごとではない、と私は思いますが…）。

　結局、人間が人間であり、子どもが創造力に富んだ異文化の生き物である以上、「事故予防」は不可能。それでかまわないのです。でも「深刻事故の予防」「深刻な結果の予防」は、（100％ではありませんが）可能ですし、取り組むべきです[19]。

(2)「ミスをなくす」ではなく、「ミスを減らす」「ミスに気づく」

　保育施設の安全マニュアルを見ていると、「ミスをなくす」「事故をなくす」といった言葉が時々出てきます。でも、人間が「つい」「うっ

---

[19] WHO（世界保健機関）は20年ぐらい前から、「深刻な傷害の予防がゴール」と提唱しています。保育施設では傷害だけでなく、食物アレルギーや睡眠中の死亡などもあるため、私は「深刻な傷害の予防」ではなく、「深刻な結果の予防」としています。
　「事故は起こる」を前提として「結果を深刻にしない取り組みをする」、この視点はぜひ覚えておいてください。一例を挙げると、「自動車の衝突事故は確率的に起こる」という前提で、事故が起きたとしても中にいる人の命は守ろうとする考え方です。そのため、エアバッグ、シートベルト、チャイルドシートなどが装備されています。もちろん、シートベルト、チャイルドシートを装着するかどうかは、人間のリスク意識と行動に左右されてしまうので、「あるから必ず使う」にはなりません。環境や製品を安全にすれば終わり、ではなく、「人間の意識や行動」という要素を考えなければならないのは、人間が「つい」「うっかり」「ぼんやり」「面倒くさい」の生き物だからです。

かり」「面倒くさい」「注意力が続かない」生き物である以上、ミスや事故はなくせません。ミスは「減らす」しかできないのです。

　「ミスをなくそう！」と取り組んでいて、ミス（事故）が起これば、「この方法では不十分だ」と気づくかもしれません。あるいは、「ミスはやっぱりなくせないものなんだ」と気づくかもしれません。けれども、事故が運良く（＝確率的に）しばらく起こらなければ、「この方法で十分」「ミスをなくせた」という気のゆるみが出てきます。これがとても危険なのです。

　一方、「ミスはなくせない。減らすことしかできない。だから、どこかで必ずミスに気づけるようにしよう」と考えて取り組めば、「ミスは起こる」が前提になりますから、気のゆるみは起きにくくなるでしょう。それでも当然、「つい」「うっかり」「ぼんやり」は起こってしまいます。

　たとえば、私は大学院に行くまで、健診団体の広報室で編集者をしていましたから、校正はプロ級です。それでも、静かな部屋で校正業独特の集中力と行動をもって校正しても、誤字脱字をゼロにするには時間がかかります。一瞬、読み過ごしてしまう瞬間もあり、物音や視野の端で動いたものに意識（注意）をとられてしまう瞬間があるからです。私自身、集中力はそうそう長くは続きませんけれども、「あ、今、別のことに気をとられたぞ」「あ、今、読み飛ばしてしまったぞ」と、自分の「うっかり」や「ぼんやり」に気づくことはできます。

　では、保育現場は…？　私から見ると、皆さんの仕事ぶりは奇跡です。子どもがいる時間帯の保育現場では数分ごと、あるいはそれこそ数秒ごとに注意を奪われるできごとが起きます。園長に「〜をしておいて。お願い！」と言われ、看護師に「○○ちゃんは38度、熱があります」と言われ、「はい」「はい」と返事をしている横で、子

どもたちが「先生〜、これ見て〜」「こっち来て〜」と話しかけてくる。この環境の中でものを忘れるな、ミスをするなということ自体、無理です。「はい」と返事をした内容を覚えていられたなら、それだけですごい！と思います。一方、午前中の調理室も文字通り「戦場」ですから、ここでもミスが起きて当然です。

　「ミスをなくす」のは不可能です。だから、「ミスを減らす」。そして、ミスの見落としが致命的になるできごとだけは、「ミスに必ず気づける複数のチェック・システム」をつくる。子どもの命という点でまずここに入るのは、食物アレルギーのチェックと、置き去りや取り残しを防ぐための人数確認でしょう。特に食物アレルギーは過程が長く、いろいろな人の手を渡っていくためにミスが起こりやすく、ミスが見落とされやすくなります[20]。

　原因食材の除去で食物アレルギー予防をする場合、たとえば、「アレルギー用ミルクは赤い缶」「普通のミルクはピンクの缶」とするよりは、「赤い缶」と「緑の缶」にしたほうがミスは減るかもしれません。けれども、ミスがゼロになることはありえません。そして、コップに移してしまったら同じ白色、これで取り違えの危険が再び上がります。たとえ飲み物の色が違っていたとしても、取り違えやかん違いは起こります。

　結局のところ、食物アレルギー予防では、アレルギー食材を全員から完全除去することができないのですから「取り違いや渡し違いは起こる」、これが前提です。この前提のもと、確認行動（声出し指さし確認、復唱と、間違いの指摘）を要所要所で複数回行い、「ミス

---

[20]『保育所におけるリスク・マネジメント：ヒヤリハット／傷害／発症事例報告書』（18ページ［11］）の事例をご覧ください。

を減らし、ミスに気づく」システムをつくりましょう。

　この時、他の職員を疑ってかかってはいけません。そうではなくて、「私はこの確認行動をしっかりするように努力するけど、ミスをするかもしれない。だから、私の次の人もしっかりチェックをしてください」「あなたがミスをした時に気づけるよう、私もしっかりチェック行動をします」「私が間違えた時や、間違えたかもしれない時は必ず言ってくださいね。私も言いますから」という「お互いさま」の態度を持ってください[21]（食物アレルギーの事例では、子どもが別の子の給食に手を伸ばすようなできごともひんぱんに起きますが、ここではそこまで考える紙数がありません）。

(3)「人間は見守れない、気をつけられない」が大前提

　ヒヤリハットやケガ、食物アレルギーの報告書を見ていると、「対策」のところに「これからはしっかり見守ります」「気をつけます」「注意します」といった言葉がたくさん出てきます。これは反省であって、対策ではありません。「一瞬、見守れなかったから」「一瞬、別のことに気をとられたから」事故が起きたのですし、人間から「一瞬、見ていない」や「別のことに気をとられる」をなくすことは、絶対にできないのです。どんなに反省して「今度こそは！」と思ったとしても、見ていない瞬間は必ずまたやってきます。こうした言葉を書いて、「対策したつもり」にならないでください。

---

[21] この文化は、他人の間違いを指摘する、自分の誤りを認めるといった行動が非常に不得意です。でも、食物アレルギーの予防の場合、「あれ、これはちょっと違うんじゃないかな？」という気づきを口に出して、「違うかな？ ちょっと確認してみるね」と答えることがとても大切になります。気づきをパッと口に出せるかどうか…。第4章の園内コミュニケーションともつながってくる部分です。

人間の注意力はさまざまな方法で実験されていますが、有名なのが一連の「見えないゴリラ」実験です（選択的注意 selective attention、または、無注意で「視れども見えず」inattentional blindness の実験。注意をまったく払わない状態なので、「不注意」ではなく「無注意」）。

　一番最初に行われた実験で、参加者は、6人の学生が狭いエレベーターホールで2つのバスケットボールをパスしているビデオを見せられ、「白いシャツを着ている3人の間でバスケットボールが何回パスされるか、数えてください」という指示を受けました。ビデオの途中、パスをしている学生の間、画面の真ん中を着ぐるみのゴリラが堂々と横切ります。実験の条件にもよりますが、実験参加者の半数は、横切ったゴリラにまったく気づきません。なにかに気をとられていたり、夢中になっていたりすると、「視れども見えず」が起こるという有名な実験です[22]。

　たとえば、年中組や年長組がプールの中で自由遊びをしている時、いない子ども（＝沈んでいる子ども）をみつけるのは困難です。子どもは動きまわり、水面はきらきらと揺れ続けていて、光の屈折もありますから水面下は特に見えにくい。その状態で、監視役の保育者がなにか別のものや誰かに気をとられたら…？　子どもが異常な状態になっていても、気づけない可能性は大です。そして、人間は「起こると思っていないことには注意を向けられない」と、このゴリラの実験以降のさまざまな実験からわかっています。

---

[22] 『錯覚の科学』（クリストファー・チャブリス、ダニエル・シモンズ。文春文庫）。原著は、"The Invisible Gorilla and Other Ways Our Intuitions Deceive Us" (2011)。

ただでさえプールの時期は蒸し暑く不快ですから、ほんの数秒で注意力は簡単に途切れて、他のことを考え始め、うわの空状態になります。じっと立って見ているのにも飽きて、別のことをし始めてしまう時もあるでしょう。プールの中の保育者が、「ちょっと、〜を取って」と頼んでくるかもしれません（してはいけないことですが、監視をしている保育者の姿は、あたかもなにもしていないかのように見えますから、「つい」頼んでしまいます）。

　この時に「ちゃんと見守る」「気をつける」といくら自分に言い聞かせても、人間である以上、それだけでは無理です。せめて、「声出し」と「指さし」をしながら、「○○ちゃん、いるね」「××ちゃんはどこかな…。あ、いた」「△△ちゃんは…、はい、そっちね」…、「全員の名前、言った。1、2、3、4、5、6、7、8、9、10。全員いる。もう一回、初めから。○○ちゃんは…」と繰り返し、すぐに途切れてしまう自分の注意力を子どもたち一人ひとりに向け変え続ける以外にありません（声出しは自分の行動を明確に意識化するため。指さしは、指をさしている先にいる子どもに、自分の意識を確実に向けるため）。こうした行動をしていれば、まわりも声をかけにくくなるでしょうし、「ちょっと手伝って！」と言われた時には、「私は今、監視中です」と言えるでしょう[23]。

(4)「これなら絶対に安全」「大丈夫」はない

　安全の世界に「絶対安全（100％安全）」はありません。機械であれば、「ここでこういう故障が起こった時、最悪の状態にならないよ

---

[23] 詳しくはNPO法人保育の安全研究・教育センターのウェブサイト「トピックス」。

う、別のこのシステムがすぐ作動するようにして…」と何重もの対策（フェイル・セーフ、fail-safe）をとっておくことはできますが、これ自体、「失敗や故障は起こる」「絶対安全はない」と想定しているからできるのです。

　「ありえないこと」を試してみる子どもたちと、「つい」「うっかり」「面倒くさい」のおとな（保護者、保育者、保育施設の職員）。この環境で「絶対安全」は絶対に！！ありえません。つまり、「これなら大丈夫」はないのです。

　だからといって、「なにもかもが危ない」と心配する必要はありません。子どもが自分では命を守れない危なさを対象にしてください。「これは子どもの命に関わる危なさだ」と気づける知識を持ち、気づけるスキルを育てていき、「これは命の危なさだ」と気づいたら、「深刻な結果が起きないようにできるかどうか」「できるとすれば、どうすればいいか」、そこだけをまず園全体で考えていっていただきたいのです（担任だけでなくすべての年齢の担当者が関われば、違った見方も出てくるからです）。

　その時に、「保育者、職員の心と仕事を守る」という観点をしっかり持つこと。根拠もなく、「これならたぶん大丈夫」「きっと大丈夫」と言わないでください。他人の子どもの命を預かる立場の保育者が安易に「大丈夫」と園内で言ってしまったり、保護者に言ってしまったりしたら…。もし大丈夫ではないできごとが起きた時、大変な事態になります。

「悪意」がなくても、過失に問われる可能性がある

(1) 予見可能性と回避可能性

　事故の定義のところで、「事故とは、意図せずに起きた悪いできご

と（の過程）」と書きました。「保育者側には悪意はない。これは事故だから」と言って社会的責任を逃れられるかというと…。残念ながら、そうはいかない場合があります。「過失」を問われる可能性です。ここで「命の深刻さ」に「社会的責任の深刻さ」（11ページ）が加わります（子どもの命が失われなくても、保育施設が社会的責任を問われるケースはもちろんありえます）。

　「過失」の法的な定義にはさまざまな議論があるようですが、基本的には次のようなことです。深刻な危険が起こるとわかっていて（＝予見可能性）、対策をとっておけば深刻な結果は防げたはずだった（＝回避可能性）。にもかかわらず、対策をしなかった、または対策が失敗した――これが過失です[24]。

　たとえば、交通事故でも過失致死罪に問われます。人間はつい、うっかりの生き物ですから、対向車に気をとられて、曲がる先の向こう側にいる歩行者に気づかないケースや、前をしっかり見ずに交差点に入ってしまうケースは起こります（私が傷害を負った２度の交通事故の原因は、これです）。または、携帯電話の着信音につい気をとられたり、ブレーキとアクセルを踏み間違えたりもします。

　私が遭った交通事故の場合は、被害者（私）が幸いにも（＝確率的に〔運良く〕、さまざまな条件が生存の方向に向かったので）死なず、重傷にもならなかったため、どちらのケースも車の運転者は罪に問われませんでした。けれども、どちらも運転者の明らかな過失です。つまり、「そこで前を見ていなかったら、大変な結果になったかもしれないとわかっていたでしょう？ 前を見ていれば、予防で

---

[24]詳しくは、『保育現場の「深刻事故」対応ハンドブック』をご覧ください。

きたでしょう？ なのに、なぜ、見ていなかったんですか」ということです。「うっかりしていました」「悪気はありませんでした」では、社会的責任を免れないのです。それで社会的責任を免れられるようでは、深刻な被害をこうむる弱者の側（たとえば、交通事故の場合は歩行者、保育施設の場合は子ども）は報われないからです。

(2)「知らなかった」「大丈夫」ではすまされない

　他人の子どもの命を預かる保育施設としては、「これは、子どもの命を奪う可能性のある危なさかもしれない」と予見して、深刻な結果を回避する義務があります。交通事故ならば、「子どもが道に飛び出して自動車にぶつかれば死ぬかもしれない」とわかりますが、他のできごとでは、どんな事故でどんな結果が起きるかは想像が難しくなります。たとえ、「最悪の結果」を予測できたとしても、楽観バイアスの影響もありますから、「そんなこと、起きないんじゃない？」「大丈夫でしょ」と思ってしまいがちです。

　ですから、まずはどんなできごとで子どもの命が奪われているかを知る、これがスタートです（＝命の深刻さについて学ぶ）。また、保育園、幼稚園、学校事故などの訴訟、捜査についても知っておくことです（＝社会的責任の深刻さについて学ぶ）[25]。インターネットの時代ですから、「知りませんでした」ではすませられません。

　ただでさえ、人間は知っていても、「そんなことは、うち（の施設）では起こらない」と思う生き物です。ましてや、「知らないことは起こらないこと」です。知っていれば必ず対策をするわけでもありま

---

[25] NPO法人保育の安全研究・教育センターのウェブサイトは当初、保育や子どもの安全関連のニュースを共有するためにスタートしました。

せんし、する対策が正しいわけでもありませんが、最低限、知っておかなければ、「他人の子どもの命を預かるプロ」としては失格です。

　そして、事例や判例を読んだ時に、「こんな玩具（遊具）はうちにはない」「この状況は、私たちの施設では起こらない」とは絶対に考えないことです。違うものなら過失は問われない、というわけではないからです。「同じような危なさは、私たちの園にないかな」「これと似た状況は起こるかな」「ここが危なさのポイントだな。そうすると、うちの園でも起こるかも」と考えましょう。

　たとえば2012年、ある施設でお子さんがビニールプールで亡くなりました。午後4時半頃、この子どもが水の入ったプールに一人で入るのを保育者は見ていたのですが、以前にも同じようにしていたので「大丈夫」と思い、少し離れた場所で保護者対応をしていました。このお子さんは一人でプールの中にいて、亡くなりました。

　この事例をお話しすると、皆さん、「4時半にプール？　変な保育所！」とおっしゃいます。確かにそうです。でも、実はこれが「楽観バイアス」の働きなのです。人間は事故に関わった人に対してだけでなく、事故や犯罪の被害に遭った人に対してすら、「その人がいけなかったんでしょ？」と個人の責任にしようとする「根本的原因帰属の誤り」という認知バイアス（41ページ[12]）を持っています。そう思えれば、「私（たち）は大丈夫」と感じられるからです。

　でも、この事故の本当のポイントは、「数分であっても、水の中にいる子どもから目を離せば亡くなる可能性がある」というところです。「4時半」はあくまでも、目を離しやすい時間帯だというだけ。つまり、午前10時でも午後1時でも「数分目を離せば、亡くなる」「たった一人でプールの中にいる子どもの異常にさえ気づけないのだから、複数の子どもがプールに入っていたら、異常に気づくのはもっと難しい」といった学びがこの事例にはあるのです。「4時半？

59

変！」で止まってしまっていたら、学びにはたどりつけません。

　このように人間には、特定の個人や施設のアラさがしをして「私たちは大丈夫」と思いたい動機づけがあります。楽観バイアスが人間にある以上、当然です。でも、「他人の子どもを預かっている」プロの仕事の部分では、この行動をすべきではありません。子どもの深刻事故から学ぶことができず、また同じ（似たような）深刻事故を起こす可能性につながるからです。なによりもまず、亡くなったり大ケガをしたり後遺障害を残したりしたできごとから学ばなかったら、そのお子さんの失われた命、そのお子さんの失われた人生は「無駄」になってしまいます。

　私たちすべてのおとなには、深刻なできごとから学び、学びを確実に活かす責任があります。社会的責任を果たす第一歩は、「この事例から、なにを学べるだろう」と考えるところから始まります。

(3) 白玉誤嚥と「トカゲのしっぽ切り」

　2012年、栃木市の市立保育園で当時2歳のお子さんが白玉を喉に詰まらせ、亡くなりました。この事故では、当時の園長、その場にいた保育士（臨時職員）、調理師が直後に行政から処分を受けた上、2014年には書類送検されました。

　「事故」の項で書きましたが、子どもの命を奪う可能性のある危なさをそのままにしておいたなら、次にまた、どこかで必ず深刻なできごとが起こります。事故は「確率的に」起こるもので、特に誤嚥窒息の場合、詰まったものが出てくるかはわかりませんし、詰まったものを腹部突き上げ法や背部叩打法で100％、確実に取り出せるわけではないからです。2010年には同じ栃木県の真岡市の小学校1年生が、2012年には東京の保育園でも白玉による窒息死が起きています。「次」は起こるべくして起こったのですし、どこかで必ずまた

起こるでしょう。予見可能性のあるできごとであり、「私たちの施設の白玉は大丈夫」ではありません。

　社会的責任という深刻さと同時に、保育施設で働く人の心と仕事を守る観点から、ここで絶対に考えなければいけない点があります。それは、日本が「責任追及中心の文化」、そして、「個人の責任にして終わらせる文化」だという事実です。

　栃木市の保育園の調理師や保育士、園長が、その子にむりやり白玉を食べさせたわけではありません。真岡市の小学生がふざけて食べていたわけではないでしょう（歯の生え変わり時期で、うまく咀嚼できなかったのでは、とも言われています。年長児にも、歯の生え変わりで噛み切れないリスクがあります）。たとえ子どもがふざけて食べていたとしても、「ふざけて食べていた子どもが悪かったから」とは言えません。詰まりかけは、どこででも、いつでも起きています。それが「その日に限って運悪く（＝確率的に）」詰まり、「運悪く」出てこなかったのです。

　つまり、栃木市の事例の背景には、「白玉の窒息事例を2010年の時点で共有しなかった真岡市」の責任があります。万が一、この事例を栃木市が知っていたとしたら、「危険を知りながら、同じ白玉を漫然と出し続けていた栃木市」の責任もあります（報告書によれば、栃木市の管理栄養士は知らなかったそうです）。ところが日本の場合、こうした大きな組織の責任を問うことは難しいのだそうです。結果、確率的に起きた（＝どこででも起こりえた）深刻事故であっても、現場にいあわせた個人の責任が問われて終わり、となるようです。

　「社会的責任」とは言うものの、実際には「個人の責任追及（＝トカゲのしっぽ切り）」で終わることは、保育園事故の訴訟をみていればわかります。これでは、「あの園長が悪かったから」「あの保育士が不注意だったから」で終わる文化は強まるばかりで、原因追究や

予防にはつながりません。そうは言っても、このシステムそのものをすぐに変えるのは困難ですから、保育施設で働く職員、施設長が「子どもの命を守ることは、私自身の心と仕事を自分で守ること」という認識をしっかり持つべきでしょう。

ちなみに、「私たちの園（自治体、法人）では、白玉にくず粉（または豆腐など）を混ぜています」「平らにしています」「小さくしています」…だから大丈夫です、とおっしゃる方も少なくありません。けれども、「白玉」である以上、その施設で誤嚥窒息が起きた時にマスコミが言うであろうことは、「また、白玉で子どもが死亡」です（命の深刻さではなく、社会的責任の深刻さの領域）。そして、私が知る限り、「白玉に他の素材をこのくらい混ぜたら、子どもにとって安全になる」という実験データはありません（大前提：子どもの安全の世界で「これなら絶対に安全」と断言することはほぼ不可能）。つるんとしていて噛み切りにくく、するりと喉に落ちてしまう白玉や、同じような食べ物の危なさをそのままにしている事実に変わりはないとご理解ください。

「小さくすれば大丈夫」も誤解です。小さいものでも、誤って気道に入れば窒息します。山中龍宏医師が紹介している事例では、5か月の子どもの気管支にイクラが詰まって窒息、脳に重い障害が残ったケースがあります[26]。子どもを病院に搬送し、詰まっているものを取り出したらイクラでした。気管支ファイバースコープで気管支内を見た段階では球形のままだったようですが、仮につぶれた状態であっても皮は粘着性のあるシート状ですから、気管に入れば危険

---

[26]『子どもの誤飲・事故（やけど、転落など）を防ぐ本』（山中龍宏、三省堂、1999年。絶版）。この事例は 63 ページ。

でしょう[27]（……今、「5か月の子どもにイクラ？ あげた親がいけないんじゃない？」とお思いになりましたか？ それが「責任を個人に帰属させて、『私はそんなことしないから大丈夫』と楽観バイアスを『強化する心の働き』そのものです。このケースの場合、イクラをあげたのは3歳のお姉さんだったようです。さあ、この事故に対するあなたの認知は、今、どのように変化しましたか？ どう変わったか、なぜ変わったか、などをぜひ考えてみてください）。

　もうひとつ、「今まで大丈夫だったのだから、白玉はこの形と作り方なら安全」「今まで大丈夫だったのだから、餅つきのやり方はこれで大丈夫」と、決して思わないでください。それは単なる確率の問題（運の問題）です。

　事故はたいていの場合、深刻な結果には至りません。けれども、これまでに子どもの命を奪っている危なさ、同様の危なさをそのままにしていれば、必ず、どこかでまた、誰かが亡くなります。白玉や餅のような危なさの場合、「これなら大丈夫」はありませんし、なにより、「これなら大丈夫」と思ってしまえば気がゆるみ、深刻な結果を引き起こす確率は上がります。

　今まで、白玉や餅、団子が詰まりかけた子ども（ヒヤリハット）はいませんか？ いるはずです。誤嚥のヒヤリハットは、「運良く（確率的に）出てきた」ケースにすぎないのです。「死亡事故？ たまたま運悪く詰まっちゃっただけでしょう？ うちではいつも出るから大丈夫」と言っては絶対にいけません、他人の子どもを預かっている以上は。確かに、「たまたま詰まって」「たまたま出なかった」だけです。でも、「たまたま」である以上、次の「たまたま（＝確率的に

---

[27] ラップやテープの切れ端のようなものも、同様に窒息の原因になります。

起こる深刻事故）は、あなたの園でも起こる可能性があるのです。そして、白玉やミニトマト（緑のものも）のように、これまで複数の子どもが亡くなっていて、よく知られているものの場合、深刻な結果が起きたら、「また？」「知らなかったの？」と社会的責任を（園長やその場にいた保育者、職員が）問われる確率が高くなります。

(4) プール事故と保護者への「サービス」

　プール事故は毎年のように起こり、その場で監視を担当した職員が注意を怠ったとして有罪が確定した事例もあります[28]。

　繰り返しになりますが、プール活動は子どもにとって楽しい、でも、異常に気づかずに数分以上たてば命を奪う危なさの中に、わざわざ子どもを入れる活動です。異常にできる限り早く気づいて、命を守る救命活動をする以外には、深刻な結果を防ぐ方法がありません。さらに、おとなでも映画やドラマのようには溺れません[29]。ましてや、年長や年中のよく動きまわる子どもをたくさんプールの中に入れていたら？「苦しかったら助けを呼ぶはず」「異常な様子には、すぐ気づくはず」は、特に子どもの場合、あてはまらないのです。

　スイミング・プールを監視台から見守っている（訓練を受けた）ライフセーバーと同じ質の監視行動と救命行動を、ただでさえ人手不足の保育施設で保育者ができると考えること自体、子どもの命を守る観点から考えれば、とても無理があります（特に、プールの時期は保育者の夏休みとも重なります）。ところが、今は保育施設も自

---

[28] 神奈川県大和市の私立幼稚園で 2011 年に起きたプール事故等。
[29] この記事は、NPO 法人保育の安全研究・教育センターのウェブサイト「トピックス」。

治体も、そして保護者も「プール活動をするのがあたりまえ」と思っているのが現状です。

　私は、子どもの命を守り、保育者の心と仕事を守る立場から、「効果のある監視活動ができない日はプールをしないという決定をすべき」とお伝えしています。保育施設の皆さんは、「でも、保護者が…」とおっしゃいます。「プール活動をして当然」と保護者は思っていて、「中止」と言うと「なぜ？」と言う保護者も確かにいるようです。

　畑村名誉教授の『だから失敗は起こる』の92～93ページに、「利便性を追求する社会にこそ責任はある」と題した項目があります。2005年に起きたJR西日本福知山線の脱線事故に関して、おっしゃっている文章です。乗り換えの利便性を考えた結果、分刻み、秒刻みに、異なる路線の電車が異なるホームに着き、相互接続していく。その中で「時刻表通りに運行しなければ、他の線と乗客に迷惑をかける」という気持ちが、オーバーランした電車の運転手にはあっただろうと指摘していらっしゃいます。

　安全は、常にリスクと便益のバランスの上に成り立っています。便益（便利さ）しかない行動や選択は、人間の生活にはありません。たとえば、自動車は非常に危険な鉄の塊ですが、便利さには代えられない。子どもは予測もできない行動をする生き物ですが、多少の冒険をしなければ育たない。集団の中で育つことも、育ちには不可欠。安全を優先させて自動車をやめることもできず、子どもを家に閉じ込めておくこともできない（家の中も、決して安全ではない）。

　この「リスクと便益」のバランスは保育施設のプール活動の場合、今、明らかに崩れています。私が見ている限り、保護者の求める便益（保育施設としてプール活動をするのは当然）が安全よりも優先されている現場が多いのです。保護者は「プールに入れて」と言う。保育施設は、プール活動をまるで自分たちの義務のように考えてい

る。そして、リスクを過小評価して、明らかに監視が足りない（または、監視がない）時にも、子どもをプールに入れてしまう。

　それでも、死亡事故はめったに起きません。事故は確率的にしか起きないできごとだから、です。とはいえ、「この体制で今までしてきて、なにも起きていないのだから、この体制で大丈夫」[30]は、ありえません。今まで起きなかったのは、あくまでも「運が良かったから（深刻な結果が確率的に発生しなかったから）」です。プール事故は睡眠時の死亡と同じく、深刻な結果が突然、予測できない形で、どこかで、誰かに（＝どこででも、いつでも）起こるのですから。

　こうしたできごとの場合、保護者に対してリスクを明確に伝え、保護者もリスクの認識を持つようにしていくリスク・コミュニケーションが欠かせません（第3章）。たとえば、次のような流れになるでしょう。こうした内容を文章にして、プール活動を始める前に保護者全員に渡してください。

①「保育園や幼稚園では、毎年のようにプール事故が起きています。水の場合、数分、異常に気づかなければ深刻な結果になる可能性があります。」（リスクの認識）

②「私たちの園では、このリスクを真剣に受けとめ、次のような監視体制と行動をしています。また、救命救急のトレーニング

---

[30]「これまではこれで大丈夫だったのだから、これからもこの体制（この方法）で大丈夫」と考えてしまうことは楽観バイアスの一部で、すべての危なさに対して言えることです。特に、「これまでこの白玉の大きさで、この形で大丈夫だったから、これからも私たちの園はこれで大丈夫」「これまで、プールはこの体制で大丈夫だったのだから、これからもこうやって見守れば大丈夫」は、明らかな楽観バイアスです。誤嚥窒息死やプール水死は同じような状況のもとで繰り返されている、すなわち、今、一般的に行われている予防方法では効果がない（低い）ということです。

も行っています（以下、監視体制とトレーニングの詳細）。」（自園の取り組み）

③「このような取り組みをしていますが、夏休みで職員の人手も少なくなります。監視体制がしっかりとれないと判断した日は、当日であってもプールを中止します。ご了承ください。」（保護者との間でリスク意識の共有）

これでも「どうしてプールをしてくれなかったの？」「なんで、この園は週に２回しかプールをしないんですか？ ○○園は週に４回は入れてくれているみたいですよ」と言う保護者はいるはずです。その時は、「お子さんに万が一のことがあってからでは遅すぎます。私たちの園にとっては、お子さんの命が第一です」と言い続けてください。子どもの命を守り、保育者の心と仕事を守るために。

こういったリスクはプール活動に限りません。「恒例行事だから」「家庭ではできない活動だから」「保護者が喜んでくれるから」「子どもが喜ぶから」という理由で、深刻なリスク（命、社会的責任の深刻さ）のある活動を続けていないでしょうか、あなたの園で。

リスクとハザード

(1) リスクとハザードの誤った定義

ここまで、「子どもは事故やケガから学ぶもの」、けれども「命を守ることはおとな（保育者）の責任」と書いてきました。「リスク」という言葉が何度も出てきましたが、「ああ、あの話だな」とお思いになった方もいらっしゃると思います。保育園、幼稚園、学校などでよく出てくる国土交通省の「リスク」の定義です。

「リスクは、遊びの楽しみの要素で冒険や挑戦の対象となり、子どもの発達にとって必要な危険性は遊びの価値のひとつであ

る。子どもは小さなリスクへの対応を学ぶことで経験的に危険を予測し、事故を回避できるようになる。また、子どもが危険を予測し、どのように対処すれば良いか判断可能な危険性もリスクであり、子どもが危険を分かっていて行うことは、リスクへの挑戦である。

　ハザードは、遊びが持っている冒険や挑戦といった遊びの価値とは関係のないところで事故を発生させるおそれのある危険性である。また、子どもが予測できず、どのように対処すれば良いか判断不可能な危険性もハザードであり、子どもが危険を分からずに行うことは、リスクへの挑戦とはならない。」[31]

私がこれまで書いてきたことは、この定義にある「リスク」と「ハザード」の違いのように解釈されるかもしれませんが、違います。大学院に行き始めてから12年以上、リスクとハザード、安全に関連する勉強と仕事をしていますが、このような定義自体、私はこの指針以外で見たことがありません。そもそも、「リスク」と「ハザード」は、危なさの程度や質の違いを表す同種の言葉ではないのです。そして、この国土交通省の定義の中にも指針の中にも、「なにがリスクで、なにがハザードなのか」を切り分けるための具体的な方法は書いてありません。

(2) リスクとハザード、正しい定義

　では、リスクとはなんでしょうか？　ハザードとは？　この2つの概念がわかると、子どもの命を守り、保育者の心と仕事を守る上で

---

[31]『都市公園における遊具の安全確保に関する指針』(国土交通省、改訂第2版、2014)。http://www.mlit.go.jp/common/000022126.pdf

必要ないろいろな点が明らかになります。

　リスク（risk）という英単語の定義は、もっとも広めに言うと「なんらかの価値が失われること（価値とはたとえば、命、人材、財産、資源、信頼など）」であり、もう少し狭めると、「危害や病気、損害、損失などの悪い結果が起こる可能性／確率」です。安全の世界では、もう少しはっきりと定義されています。経済産業省の定義も含め、安全に関する複数の国際基準[32]では、

リスク＝（人に）危害を起こすハザードの深刻さ×危害が起こる確率

となっています。この式では単純な掛け算になっていますが、実際のリスク分析では、もっと複雑な計算になります。ただし、ここで掛け算となっていることそのものには意味があります。その話に行く前に「ハザード」の定義をしましょう。

　「ハザード（hazard）」は、「人に危害を及ぼす（潜在的な）力を持ったもの」を指します。自動車が良い例です。自動車は便利ですが、人に危害を及ぼす力を持っています。そう考えると、バイクも自転車もハザード、子どもの口に入る大きさの玩具もハザード、食べ物もかなりのものが子どもにとってはハザードになります。タバコも包丁も、料理中のお鍋もベビーベッドの中のぬいぐるみも、おとな用の薬もドアも、子どもにとってはハザードです。

　子どものためにつくられた環境であるはずの保育施設にも、階段、

---

[32]『製品安全対策に係る事故リスク評価と対策の効果分析の手法に関する調査報告書』（経済産業省、2008年）。http://www.meti.go.jp/product_safety/policy/riskhyouka.pdf

汚物洗い槽、コンセント、固定遊具のすき間や高さ、水の入ったプール、塩素消毒剤など、さまざまなハザードがあります。ハザードは、「見るからに危ないもの」ではありません。「危害を及ぼす力」を持っているものは、なんでもハザードです。

　ハザードの中には、深刻なものもあれば、それほど深刻ではないものもあります。たとえば、子ども用の椅子に比べると、1階と2階の間の階段はより深刻な「高さ」というハザードです。三輪車に比べれば、自動車はより深刻なハザードです。子どもは幼ければ幼いほど、自分では危険を予測できませんし、避けられません。ましてや、自分では自分の命を守れません。ですから、おとなに比べると子どもには、より多くのものが、より深刻なハザードになります。おとなにとってはたいしたことのないハザードも、子どもにとっては深刻なハザードです。

　このような「ハザードの深刻さ」が、

リスク＝（人に）危害を起こすハザードの深刻さ×危害が起こる確率

の右辺の最初の項にあたります。

　では、右辺の2つめの項、「危害が起こる確率」とは？

　汚物洗い槽は、水がいつもたまった状態ですから、子どもにとってのハザードです。汚物洗い槽でも、洗い槽の縁がおとなのウエストの高さにくるものなのか、縁が家庭用浴槽と同じ高さ（縁までの高さが50センチ以下）のものなのかで、子どもが水に顔をつけて溺れる確率は違います。もちろん、子どもが椅子を汚物洗い槽のそばに持ってくることもありえますから、縁の高い汚物洗い槽でも、子どもに危害が及ぶ確率はゼロにはなりません。

　また、同じ「縁が家庭用浴槽と同じ高さの汚物洗い槽」であっても、

子ども用トイレと同じスペースにあるかどうか、トイレと同じスペースにあったとしてトイレとの間が柵で仕切られているかどうか、トイレと同じスペースにあったとして重いフタをしてあるかどうかで、溺水という危害が子どもに起こる確率は変わります。これが、

リスク＝（人に）危害を起こすハザードの深刻さ×危害が起こる確率

の右辺の２項めになります。つまり、あるハザードによって、人（子ども）に危害が起こる確率が高いかどうか、です。汚物洗い槽の水で子どもに危害が及ぶ確率は、縁の高さや汚物洗い槽が置かれている環境条件によって変わります。

では、いよいよ「リスク」の定義です。

リスク＝［A］（人に）危害を起こすハザードの深刻さ ×［B］危害が起こる確率

「子どもに対するリスクを下げる（上げる）」という現実的な観点から考えると、この式は非常にわかりやすくなります。

たとえば、少しの水でも子どもは溺れます。喉の部分でけいれんを誘発し、窒息を起こす（乾性溺水）可能性もあります。水は、子どもにとって深刻なハザードです。子どもは水が大好きですが、水が命を奪うものだとはわかっておらず、水の中でどう行動すればよいかもわかっていません。右辺の［A］は深刻です。

では、子どもが溺水／溺死するリスク（左辺）を下げようと思ったら？　一番簡単なのは、水［A］を保育施設からなくすことです。プールをやめる、汚物洗い槽も置かない、手洗い場もなくす、水も

飲ませない…。もちろん無理ですが、もしも水［A］を完全になくすことができれば、［A］はゼロですから［B］がどんなに高くてもリスクはゼロになります。

　ここで、この式が掛け算である意味をおわかりいただけると思います。［A］をゼロにできれば、そのハザードによるリスクはゼロにできるのです。保育室には包丁もガス台もありませんから、包丁やガス台によるケガのリスクはゼロにできます。家庭では、包丁もガス台もなくせませんから、こうしたものによるケガのリスクはゼロにできません。そうすると、次にお示しするように、危害が及ぶ確率を下げる方法が必要になります（たとえば、「包丁はチャイルド・ロックのある棚に必ずしまう」…、でも、「必ず」は人間にとって難しい。「ガス台に、押し回しノブなど、乳幼児に操作しにくい機構を最初からつけておく」…、でも、子どもは学習して、操作ができるようになっていく）。

(3) 子どもに危害が起こる確率を下げて、リスクを下げる

　ハザードそのものをなくせない場合には、右辺の［B］を変えることで、リスクを下げる方法が必要になります。

リスク＝［A］（人に）危害を起こすハザードの深刻さ×［B］危害が起こる確率

　保育施設から汚物洗い槽をなくすことはできません。でも、子ども用トイレの横であっても高い柵で囲われて柵に鍵がかけられている、使わない時は重いフタをしてある、という条件が必ず満たされていれば、右辺の［B］をゼロに近づけることができます。つまり、「汚物洗い槽の水」というハザード［A］はなくせないけれども、そ

れによって子どもに危害（溺水）が及ぶ確率［Ｂ］を下げることはできるのです。

　最初からお伝えしている通り、人間が「つい」「うっかり」の生き物であり、おとなには予測もできないような行動を子どもがする以上、［Ｂ］をゼロにすることは絶対にできません。結果的に、リスクはゼロになりません。保育施設であっても家庭であっても同じです。世の中にハザードがあふれていて、なおかつ、人間（おとな、子ども）という存在が関わっている以上、保育施設や世の中を100％安全にすることは不可能だという点も、この式からもわかります。ハザードが存在する、そして、事故は起こる。これを前提にして、深刻な結果が起こるリスクを下げるところに焦点を当てた対策が必要なのです。

　このように、この式、

リスク＝（人に）危害を起こすハザードの深刻さ×危害が起こる確率

を頭の中に入れておくだけで、保育施設の中でどうやってリスクを管理（マネジメント）すればいいかは整理しやすくなります。子どもにとって非常に深刻なハザードは、できる限りなくす方法をとる。なくすことができないハザードであるならば、そのハザードによって子どもに深刻な危害が及ばないような対策を具体的にとる。それが、リスク・マネジメントなのです。

　最初に引用した国土交通省の定義には、このような明確な定義が一切ありません。ただ「リスクはたいしたことがないもので、ハザードは危険なもの」と言っているだけです。リスクとハザードは、英単語の定義からしても「程度の違い」を示す言葉ではありませんから、国土交通省の定義はそもそも間違っています。

(4) リスクとハザードの概念を活かす

このように考えてくると、保育現場で必要なのは、

① まず、自分たちの保育施設の内外にあるさまざまなハザードと、それぞれのハザードが持つ（最悪の）深刻さの程度を明確に認識すること。ここでハザードの深刻さを過小評価（軽視）してしまうのは、非常に危険です。これまでに起きた深刻事例などをもとに、命の深刻さと社会的責任の深刻さを判断しましょう。

② そのハザードによるリスクを、過小評価せずに判断すること。「これまで大丈夫だったから」「〜歳だから大丈夫」「保育者の数が規定通りだから、見守れているはず」は危険です。その場に今いる子どもたちの個別の条件（発達、特徴、子ども同士の関係など）と保育者の個別の条件（保育スキル、リスク意識や危機対応行動など）をもとに考えてください。たとえばひとつの複合遊具で遊んでいる時でも、子どもが動き、保育者が動くと、それに伴ってリスクは刻々と変動します。

　リスクを考える時には、「命の深刻さ」だけでなく、「社会的責任の深刻さ」も考えなければいけません。「水は深刻なハザードかもしれないけど、保育施設のプールで死亡している子どもは年に1人いるかいないか。だから、たいしたリスクではない」と考えますか？　でも、プール事故はいつ、どこで、誰に起こるかわからないこと、そして、死亡が起きた時の保育施設の社会的責任を考えると…？

③ ハザード、環境条件、その時の子どもの条件、その時の保育者の条件をもとに、その時のリスクを判断し、その時に必要な行動をとる。

　この時、31ページに書いた「〜か〜か〜か」の考え方も大切になります。「今、この条件で起こりうる次の結果は、〜か、〜

か、〜か…。そのうち、〜の方向に行ってしまうと深刻な結果に向かってしまうリスクが上がるから…」とさまざまな可能性を考え、「深刻な結果にだけはならないように今、ここでこういう働きかけを子どもにして…。あっちにいるA先生に○○をお願いしよう」「こういう働きかけをすれば、深刻な結果は防ぐことができるし、子どもたちの『やってみたい！』『できた！』も満たすことができる」と行動するのです。

　しつこく書きますが、子どもが育つ時にリスクをゼロにすることはできません。する必要もありません。子ども自身、「生活や遊びにはリスクが伴う」事実を学んでいかなければいけないでしょう。保育の集団生活の中で、子どもたちはそれを学んでいけるはずですし、保育者は適時適切な「足場かけ」を通じて、その子の、その時に一番合った挑戦（＝リスクを伴う学び）を提供するプロであるはずです。ただ、子どもから学びの機会を奪うリスクだけは、限りなくゼロに近づける必要があります。

　この線引きを明確にして、「子どもはケガをしながら育つものです。失敗や事故、それに伴う痛みは育ちにとって必要です。一方で、子どもたちの命をできる限り守っていくために、私たちは〜の部分ではこのような取り組みをしています」と保護者に、社会に伝えていくことが今、必要だと私は考えます。そうしなければ、子どもたちが育たないだけでなく、子どもたちの命も守られず、保育者の心も仕事も守れません。

第3章

保育施設における
リスク・コミュニケーション

保護者とのコミュニケーションが子どもの命を守り、保育者の心と仕事を守る

　ここまで、命の深刻さと社会的責任の深刻さについて説明してきました。では、保護者とのコミュニケーションにおける深刻さは？

　私が子どもだった頃、ケガをしたら怒られるのは私でした。親からは「なにをしたんだ！　先生に迷惑をかけて！」と怒られ、幼稚園や小学校の先生からも怒られ…。今でもそういう保護者はたくさんいます[1]。けれども、「うちの子にケガをさせるなんて！」と保育者を怒る保護者も少なからずいます。

　子どもの事故、ケガはなくせませんし、子どもは多少のケガをするべきです[2]。おとな（保育者だけでなく、保護者も）の「つい」「うっかり」もなくせません。事故は起こるもの。でも、深刻な結果だけはできる限り減らす[3]努力をする——この点を今、日本の社会全体が理解し直す必要があります。そうしなければ、子どもは育ちません。そして、保育者も保護者も、「傷ひとつない完璧な状態」で子どもを保存することに汲々としてしまいます。

　社会云々の大きい話は別としても、子どもの成長に必ずついてく

---

[1]　冷静に考えてみてください。保護者の大部分は保育施設の味方のはずです。この文化は感謝の言葉やほめ言葉を口にするのを恥ずかしがるためか、結果的に、味方の姿は見えにくく、いろいろと言ってくる保護者の姿ばかりが目につきます。けれども、「なんとなく味方」の保護者を「力強い味方」にしていく努力をしていけば、日常の保育ではもちろん、「万が一」の時にもさまざまな助けが得られるはずです。
　　もうひとつ、意識していただきたい点があります。「いろいろ言ってくる保護者＝クレーマー」ではありません。気がつくから、心配だから、いろいろと言ってくれる保護者を「クレーマー」と決めつけたら、園は学ぶ機会を失います。気がつく保護者、心配している保護者は、保育施設の味方です。それを「クレーマー」にしてしまうかどうかは、保育施設、保育者の見方次第、行動次第です。

るリスク(新しいことができるようになり、興味が増え、関係が深まるからこそ生じるリスク)、保育が保育である以上、そこに付随するリスクについては、積極的に保育者や地域に伝え、育ちとリスク、保育の便益とリスクについて伝えていく。これは、保護者コミュニケーションのこじれによって保育者の心と仕事が傷つくのを防ぐためにも、ぜひ取り組んでいただきたいことです。

　一方で、「私たちの園では、子どもたちの命を守るためにこのような取り組みをしています」と深刻な事故予防の対策を具体的に伝え、家庭でも起こりうる危険(誤嚥、水の事故、睡眠中の突然死、交通事故など)については「ご家庭でも取り組んでみては?」と情報提供をしていく。これが、「私の子どもが行っている園はしっかり取り組んでいる」という信頼感を築いていくための基本です。

---

[2] 「多少のケガ」ってどの程度?とお思いになるかもしれません。明確な線引きはできませんが、「後遺症」や「障害」は、その社会がつくるものでもあるという点を考えてみてください。私が5年間を過ごしたコロラド州立大学のキャンパスには、先天性の障害のため、呼吸器をつけて車イスに乗った(そこから動くことはできない)大学院生の女性もいました。プール際で義足をポンと脱いで、水に飛び込む人の姿は何人も見ました。リスク・コミュニケーションの分野で有名な教授のセミナーに参加しましたが、教授の吃音を誰も気にしません。オリバー・サックスさんの『火星の人類学者』(ハヤカワ文庫)にも登場する世界的に有名な自閉症の動物学者、テンプル・グランディン教授もいます。
　　こうした人たちが不自由を感じずに生活し、仕事をし、学ぶことができる環境と文化。他方、「顔にすり傷のあとが残ったら、この子の人生は…」と保護者が思わざるをえないこの文化、ましてや「からだの一部が欠けていたら…」と考えるこの社会の環境と文化。「多少のケガ」の判断自体、文化、人の考え方に依存するという事実に気づいて変えていかなければ、この社会は誰にとっても生きにくい場所になってしまう可能性があります。

[3] 深刻な結果をゼロにすることはできません。人間は死ぬ生き物だから、です。「深刻な傷害、後遺障害、死という結果さえも必要な場合には受け入れる文化」をつくっておかないと、予防が非常に難しい(不可能な)深刻事故の後の二次被害(責任を感じた保護者の後追い自殺など)にもつながってしまいます。上の[2]の内容とも関連する、文化に深く根差した部分です。

この基本となるリスク・コミュニケーションについて、この章では書いていきます。本書では、対保護者のコミュニケーション全般（日常のコミュニケーション、おたより、連絡帳など）についてはふれません。

リスクをゼロにできない以上、リスク・コミュニケーションは不可欠

　リスクは、人間の生活の中では避けられないものです（リスク＝確率的に起こりうる危険／危害）。リスクのない行動や選択肢はありえません。そして、私たちは生活の中で常に、行動の目的や方法と、それに伴うリスクを天秤にかけながら判断をしていきます。

　横断歩道を青信号で渡っていても、（私のように）交通事故に遭うリスクはあります。でも、目的地にたどりつくためには、毎日、リスクを認めて道を渡り、車に乗り、電車や飛行機に乗らなければなりません。人生の分岐点で下す決断も必ずリスクを伴います。「仕事を辞めて学校に行こう」「子どもを産もう」「離婚しよう」…、いずれも大切な決断であると同時に、リスクを伴うものです。

　誤解されたくないからといって、コミュニケーションをまったくしないわけにもいきません。お互いに、誤解するリスク、誤解されるリスクをわかって、それでもなるべく誤解が生まれないように考えながら話をするからこそ、理解が生まれていきます。

　あらゆる経済活動、事業にも「役に立つ部分」「利益になる部分」（便益）と、リスクやコスト（金銭だけではなく時間や環境のコストも含む）の両面が必ずあります。…保育の場合は？　もちろん、「忙しい親御さんの子どもたちを預かる」「子どもが集団の中で育っていける」といった便益があります。けれどもその一方で、多数の子ど

もを少数の保育者でみることによるリスクや、子どもが集団で関わりあうことによるリスクが常にあります。
　安全、健康、保育の実効性ある取り組み（＝効果が見込まれる明確な行動）を通じて、保育のリスクはある程度、下げられるでしょう。でも、リスクはゼロになりません。環境や製品を完全に安全にすることもできません。もし万が一できたとしても、その環境の中で生活するのは、創造力と想像力に満ちた子どもです。さらに、おとなも「つい」「うっかり」をする生き物である以上、傷害、感染症、食物アレルギー、プライバシーの侵害といったできごとは（結果の軽重にかかわらず）、ある日突然、思いもよらない場面で起きます。
　リスクはゼロにできないという点を前提にして、保育施設と職員だけでなく、子どもを預ける保護者も社会全体も保育に伴うリスクをわかっていくことが欠かせません。子どもを預ける便益とリスクを保護者が理解した上で天秤にかけ、「預ける」決定をするか、「預けない」決定をするか。どちらにしても、リスクの情報を保護者が受け取り、理解し、自分で判断する、これが第一歩です。では、誰が情報を出すのでしょうか。それは保育施設であり、保育（子育て）行政です。
　残念なことですけれども、日本の大多数の業界同様、保育施設も子育て行政も今まで、こうしたリスクについて積極的に伝えてこなかったようです。「保育施設は安全であたりまえ」「うちの（自治体の）保育施設で、ひどい事故が起こるはずがない」「ひどい事故は、その施設（保育者）が悪かったから起きただけ。うちは大丈夫」「保育園でケガが起こるのはあたりまえだから、説明するまでもない」「なにか起きたら、その時に謝罪すればいい」…。
　実は、こうした考え方には大きな落とし穴があります。ひとつはもちろん、自分たちのリスクを過小評価していくという点。もうひ

とつは、リスクについて語らないことで保護者などのステークホルダー[4]との間に不信感を生み、その不信感ゆえに、なにかが起きた時の解決を難しくしてしまうという点。ですから、日常的なリスク・コミュニケーションを通じて、ステークホルダーとの間にしっかりした信頼感を確立しておかなければならないのです。

「安全」と「安心」の違い

リスク・コミュニケーションがほとんど根づいていない一方で、いつの間にか、「安全・安心」という言葉が日本のあちこちにあふれるようになりました。「安全・安心を心がけています」と呪文のように繰り返すことは、リスク・コミュニケーションではありません。それどころか、まったく逆効果です。実質を伴わないまま、「リスクはありません」「心配しないでください」と言っているのですから、なにかが起きたらすぐに信頼を失います。「安全・安心」を信じ切っている側も、自分でリスクを判断するスキルを失っていくでしょう。もともと、安全と安心を並べること自体に無理があります。2つは関連しているものの、まったく違うことがらだから、です。

(1) 安全は具体的につくるもの、つくれるもの

安全は物理的、または行動学的に測れるものであり、つくれるもの、つくるものです。

---

[4] ステークホルダー（stakeholder）は、日本語にすると「利害関係者」となるようですが、争いや対立を意味する言葉ではなく、あるできごとについて関心や懸念、利害を共有している立場すべてを指します。保育の場合は、保育施設、職員、保護者の他、地域住民、理事会、株主、各種行政などがステークホルダーに含まれます。例として、165ページの図。

「物理的に測れる」とは、高さ、幅、重さ、温度、加速度など、単位があって計測できるということです。たとえば、「この幅だと、3歳0か月の子どもの〇〇％はからだが通ってしまう」「外気温〇度だと、10分で車内の温度が40度に上がる」といった形で安全や危険の具体的な指標として使えます。

　ただし、「絶対安全」は存在しない上、子どもはおとなが予測しない行動や、おとなならばしない行動をするため、「～なら安全」と数字を決めることは簡単ではありません。逆に、「～だと大きな危険がある」と言うことは比較的容易です。「2メートルの遊具から落ちて亡くなった子どもがいるから、2メートルは子どもの命を奪う高さ」と言えますが、「～センチ以下なら、〇歳児が死ぬようなケガは絶対起こらない」とは言えないのです。

　もうひとつ、「行動学的に測れる」とは、「今、A保育士がB保育士に声をかけたか」「BはAに返事をしたか」や、「今、アレルギー食材の確認で〇か所、読み違い、チェック・ミスがあった」、あるいは「A保育士の視線はこの3分間、～の方向を向いていて、子どものほうを見ていなかった」といったことです。人間の行動のほとんどは計測可能です。安全は、見ている「つもり」や注意している「つもり」でつくれるものではありませんから、安全行動や確認行動を意識して（＝うわの空ではなく）できるかどうかにかかっています。人間の安全行動は目に見えるものとしてつくることができ、測ることもできるのです（私が専門にしているのは、この具体的な行動変容の分野です）。

(2) 安心は安全の上に築きあげていくもの

　他方、安心や不安は、個人の主観です。たとえば、「あなたは、どのくらい心配性ですか？」と聞けば、答えが返ってくるでしょう。

でも、Aさんが言う「私はすごく心配性」と、Bさんが言う「私はすごく心配性」を並べて、「AさんとBさんは同じぐらい心配性」と結論づけられるでしょうか？　できませんね。社会心理学の仕事のひとつは、こういった「測ったり比べたりすることが難しいもの」を測って分析するところにありますが、単純に「あなたは、どのくらい心配性ですか？」と聞いただけでは測れません。その点でまず、安心と安全はまったく違うのです。

　そして、不安は生き物の生存に不可欠な反応ですから、不安を感じない人間はいません。「私／僕は、なにがあってもびっくりしない。動揺しない」、そんな人は絶対にいないのです。身のまわりの異状に「え？」「うわ！」とまず感じなかったら、そのままでいていいのか逃げるべきなのか、判断できません。不安を感じない個体は、自分の命を守れないのです。不安（と安心）はそれぐらい根源的な反応であるために、遺伝子のレベルである程度決まっています。性格心理学の分野で長年研究されてきた結果、不安（と安心）の程度は、一人の人間の中では一生、ほとんど変わらないという事実もわかってきました。

　ということは…？　保育施設の環境や活動、食べ物などについて不安（安心）を感じる程度は、保護者一人ひとり、職員一人ひとりによってまったく違うのです。たとえば、園外活動について同じ情報をもらった時に、「ふ〜ん」で終わる保護者（保育者）もいれば、「え、これ、危ないんじゃない？」と思う保護者（保育者）もいます。不安を感じた保護者に保育者が「安全ですよ。大丈夫です、安心してください」と言って、それだけで保護者が安心することはまずありません。それどころか、「私（僕）の不安を受けとめてくれない」「言いくるめられている」「屁理屈を言われている」と感じて、不安に加えて施設（や自治体）に対する不信感を強めるばかりです[5]。

「大丈夫です、安心してください」と言われた保護者の中には、「それでも心配です」と言ってくる（＝言ってきてくれる）人がいるかもしれません。けれども、「大丈夫です、安心してください」と言われれば、たいていの保護者は、「そうなのかな。心配だけど…」と引き下がるはずです（保護者も、自分の子どもに深刻なできごとが起きるとは思いたくないでしょう。あるいは、「クレーマーと思われたくない」という気持ちがある保護者もいます）。園は、なにも言わなくなった保護者を見て「納得してくれた」「理解が得られた」と思うでしょう。まったく違います。納得も理解もしてはいません。不信感と不安を抱えて黙っただけです。
　「心配です」「本当に大丈夫なんですか？ そうは思えません」と言ってくる（＝言ってきてくれる）保護者は、保育施設にとってはありがたい存在です。施設が過小評価しているリスク、長年の間に保育者が見逃すようになったリスクに気づいてくれているのですから。そういった保護者を「クレーマー」と決めつけることは、絶対に避けるべきです[6]。
　保護者の安心は、保育施設や保育者が保護者にリスク（と便益）を伝え、リスクを下げるための具体的な取り組みを伝え、「この活動には、このような便益とリスクがあります。私たちはこのような取り組みをしています（しようとしています）が、皆さんはどうお考えになりますか？」とコミュニケーションを続けることで少しずつ

---

[5] 感情が優位になっている時（怒っている時、悲しんでいる時など）にどんな理屈を言われても、人間は受け入れません。理屈は「言い訳」「屁理屈」と受け取られ、感情をいっそう激化させる可能性があります。理性よりも感情が優位になっている時は、その人の感情をまずとにかく受けとめる行動（＝相手の気持ちを聞く行動）をしましょう。

育っていきます。つまり、保育施設側がリスクをはっきりと認識して安全対策をつくり、それを伝えることが「安心育て」の第一歩なのです。「安全・安心に努めています」と言ったり、自治体の安全・安心ポスターを貼り出したりするだけでは意味がないどころか、「ただ言っているだけ」と受け取られかねません。

(3) 幻の「安全・安心」を捨て、「生きる力」を

　リスクについて伝え、保護者も意思決定の輪の中に巻き込んでいくことは、保護者にとっても子どもたちにとっても大切でしょう。保育だけでなく社会のあらゆる側面で、根拠のない「安全・安心」をうのみにしてしまうのは、消費者にとってもマイナスだからです。「売られているものは、なんでも安全なはず」「公園にある遊具は安全なはず」「保育園は安全なはず」「うちの子は大丈夫」では、保護者も、その保護者に育てられている子どもも、自分自身でリスクと

---

[6] 『「保護者のシグナル」観る・聴く・応える：保育者のためのコミュニケーション・スキル』（掛札逸美、加藤絵美。ぎょうせい、2013年）の中で加藤さんが書いていらっしゃいますが、「苦情」は苦くありません。保護者が園になにかを言ってきたということは、園と保護者の間にコミュニケーションの下地があり、「言ってみよう」と思うだけの価値と信頼を保護者が園や保育者に対して感じているという表れです。信頼がなかったら、最初から誰もなにも言ってきません。ですから、どんな内容であれ、まずは「教えて（話して）くださってありがとうございます」と受け取ってください。
　すでに書いた通り、人間の認知は言葉によってもつくられるものです。「苦情を言われちゃった」「あの人、クレーマーだ」とあなたが言ったとたん（考えたとたん）、保護者に言われた言葉は「理不尽なこと」「聞く必要のないこと」「いやなこと」と、あなたの脳の中で認知されてしまいます。他の職員に伝える時にも当然、「こんなことを言われちゃった！」という枠組みで伝えるでしょうから、他の職員もネガティブに受けとめます。最初から決めつけてしまったら、なんの学びもありません。「教えてくださって、ありがとうございます」「保育園が教えていただいた」「私たち職員が教えていただいた」とまず受けとめてから、言われた内容について考える、それでもまったく遅くはないのです。

便益のバランスを考えて行動するスキルを失っていきます。

　誤解しないでください。このスキルは「安全に行動するスキル」ではありません。人間の生活の中には、リスクを冒すことが必要な場面、安全よりもリスクを優先させるべき場面もたくさんあります。その時に、「リスクと便益のバランス（リスクと、リスクを冒すことで得られるプラスのバランス）を判断するスキル」です。

　このスキルは、子どもの頃から実体験の中で学んでいかない限り、身につきません。失敗を恐れていたら、人間は精神的にも肉体的にも育たないのです。おとなになったら、人生や命に関わる決断は自

分で下すしかありません。「安全・安心」をうのみにしていたら、大切な決断は他人まかせ、そして、「きっと大丈夫」と根拠もなく思う方向か、失敗をしない方向にばかり向かうでしょう。保育の世界でよく言われる「生きる力」の根幹は、この「リスクと便益を天秤にかけて、一つひとつ自分で判断する力」ではないかと私は考えます[7]。

リスク・コミュニケーションは組織に必須

　安心と同時に、リスク判断スキルを育てていく方法であるリスク・コミュニケーション。これは、「ステークホルダーに対し、最初からリスクについて伝えておき、リスクと対策について一緒に考えていく、そのためのあらゆる形のコミュニケーション」を指します。すなわち、保育活動で「なにか」が起こる前に、保育施設の活動に伴うリスクを正確に伝えておくことです。

　一般に言われる「保護者対応」は、どんなに小さなものでも実際に危機（クライシス）が起こった後の対応ですから、「クライシス・コミュニケーション」と呼ばれます。企業などで不祥事や事故が起きた時にとられる対応も、クライシス・コミュニケーションです。他方、なにかが起こる前に、「起こるかもしれない」という前提でコ

---

[7] たとえば、包丁を使っているおとなを見て、子どもは「すごい！　どんどん切れる」と思うでしょう。「自分も使いたい」と思い、試してみて少し手を切れば（切りそうになれば）、「包丁ってすごいけど、手も切れちゃうんだ。手が切れると痛いな…。今度は気をつけて使おう」と学びます。包丁を使うスキルだけではなく、自分の行動には必ず便益とリスクが伴うと知ること、そして、「便益を大きくしつつ、一方でリスクを大きくしすぎない方法」「どこまでリスクを冒すべきか」「自分が受け入れられるリスクはどの程度か」を考える習慣をつけること、それが「生きる力」が育つことではないでしょうか。ただし、この目的のために、未就学児が判断できない深刻な危なさ（8ページ）にさらすべきではありません。

ミュニケーションをすることがリスク・コミュニケーションです。

　では、リスク・コミュニケーションは、組織活動の欠点や失敗をさらけだすことなのでしょうか？　そうではありません。リスク・コミュニケーションは活動の便益を伝えると同時に、それに伴うリスク（起こる可能性のある危なさ）も正確かつ的確に伝え、ステークホルダーの理解を得、信頼感を培っていくための活動です。工場を作る時に、「働き口ができます」「地域の活性化につながります」と言っただけで、地域住民が納得するでしょうか？　工場から出る騒音、におい、増える交通量…、そういったリスクも伝え、リスクを低減する努力も伝えた上で初めて、ステークホルダーは「便益」と「リスク」を天秤にかけて、工場建設を認めるかどうかを考えられます。

　便益とリスク、両方の情報が十分にそろわないままでは、「なにか隠しているのではないか」という気持ちが生まれます。「便益を誇大に伝えているのではないか」「リスクを小さめに言っているのでは？」、そんな気持ちをステークホルダーが持ったなら、それだけで「信頼関係を醸成する方法」としてのリスク・コミュニケーションは失敗です。リスク・コミュニケーションは、情報の提供側が一方的に情報を流す場ではありませんし、情報の受け手を納得させる場でもありません。活動が進んでいけば、当然、リスクも便益も変化します。その変化に合わせて、ステークホルダーと話し合い、お互いが「正直に」、リスク・コミュニケーションを続けていきます。

　日本ではまだ一般的ではありませんが、欧米の行政体、大企業には、リスク・コミュニケーション（とクライシス・コミュニケーション）の専門家が配置されています[8]。中小組織のためにリスク・コミュニケーションを請け負うコンサルタントも無数にいます。私のように社会心理学（特に、リスク関連の心理学）を専門としている人、あるいはコミュニケーションを専門としている人たちがつく仕事で

すが、結局のところ、そうした専門知識を必要とするくらい、組織活動にとっては意義が大きく、難しい仕事なのです。

質の高いリスク・コミュニケーションが「安心」をつくる

93ページに「リスク・コミュニケーションの7原則」を記しました。リスク・コミュニケーションの一番の難しさは、ステークホルダーのさまざまな受け取り方を理解した上で、「こちらの伝えたいことが、伝わるように」情報を加工するところにあります[9]。

たとえば、園で提供している食品の質と安全性について、保護者に伝えたいとします。最初の鍵は、「質」に対する保護者の評価や感情は一様ではなく、それぞれの保護者の主観によるという点です。保育施設が考える「食事の質」や、省庁が定める「食品の質」がどんなものであろうと、それに対して「とても安心」「まあまあ安心だけど不安もある」「とても不安」のいずれと感じるかは、受け取り手(この場合は保護者)によります。つまり、「安全」はある程度、客観的に表現し、評価できたとしても、「安心」は主観的にしか評価できな

---

[8] もっとも目に見えやすいリスク・コミュニケーションは、感染症の流行(最近では、鳥インフルエンザ、エボラ出血熱などの流行時)に伴うものです。感染症に関するコミュニケーションには、市民の間にパニックを起こすか、逆に、深刻に受けとめられないか、という両極端の危険があります。パニックを起こすことなく、「自分自身の問題だ」と考えて市民一人ひとりが取り組む動機を生み出すための効果的なコミュニケーションが必要となるため、長年にわたって研究されてきました。
　感染症以外にも食品の安全、環境汚染、地球規模の気候変動などに関するリスク・コミュニケーションが欧米を中心に広く研究され、実践に活かされています。リスク・コミュニケーションについては、『人と組織の心理から読み解くリスク・コミュニケーション：対話で進めるリスクマネジメント』(宇於崎裕美、掛札逸美。日本規格協会、2012年)をご覧ください(ビジネス書です)。

いのです。不安という主観的な感情を抱いている人を、理屈で納得させ、安心させることはできません。すでに書いた通り、不安の感じ方は人それぞれの基本的な性格の一部でもあるのですから。

こうした人間の心理を理解せずに、「安全なのだから、安心してください」「安全・安心は私たちの保育の基本です」と繰り返しても、「不安だ」と感じている人の心を変えることはできません。それどころか、「私の不安を受けとめてくれない」「私が言っていることをわかってくれない」「私が知りたいことに答えてくれない」といった不満と不信感を育ててしまうだけです。これでは、リスク・コミュニケーションとしては失敗です。

では、どうしたらいいのでしょう。まずは、不安に対して徹底的に共感しつつ（例：「ご心配なのですね」「〜の部分に不安があるのですね」）、園が取り組んでいる努力を相手に伝わるような形で何度も説明し、「では、こういうふうにしてみるというのは、いかがですか」「〇〇さんのお考えでは、どういった方法がよいでしょうか」と、

---

[9] リスク・コミュニケーションは、クライシス・コミュニケーション（保育施設で「保護者対応」と呼ばれているもの）よりもずっとシンプルで、定型化できます。なぜなら、リスク・コミュニケーションは、「まだ起きていない、でも、これから（どの保育施設でも）起こる可能性のあるリスクに関して情報交換と意見交換をしていく活動」だからです。一方、クライシス・コミュニケーションは、それまでの信頼関係やコミュニケーションの蓄積、その保護者や職員の性格などから、一件一件、個別に対応を組み立てなければなりません。

たとえば、A保育園とB保育園に、「うちの子がまたかみつかれたのか！ 3度めだぞ」と言ってきた父親がいたとして、どちらにも効くクライシス・コミュニケーションの処方箋はありません。「その園と保護者全体のこれまでの関係」「その園とその特定の保護者とのこれまでの関係」「担任とその保護者とのこれまでの関係」「園長のコミュニケーション・スキル」「担任のコミュニケーション・スキル」などなどを踏まえて、「では、どんな対応をすればいいか」を考える必要があります。クライシス・コミュニケーションはたいていの場合、個別のコンサルテーションでしか解決できないのです。

不安を取り除くために歩み寄れる点を模索していくことになります。この原則は、保護者会でも1対1の対面コミュニケーションでも、園だよりなどを通じたコミュニケーションでも同じです。

「保護者一人ひとりに合わせなければいけないのか？」、そんなことはありません。不安や疑問、質問を持っている人たちに合わせてメッセージとコミュニケーションをていねいにつくっていけば、他の保護者もそれを見て、「しっかり対応してくれているなあ」と感じ、信頼感を強めるからです。今は不安を抱いていない保護者も、違う話題で、いつ、どの時点で不安を感じ始めるかはわかりません。その時、「うちの園はきちんと対応してくれるにちがいない」「ちょっ

★リスク・コミュニケーションの7原則

1. 保護者を「真のパートナー」として受け入れ、巻き込む
　「そんなこと、あたりまえ！」と思われるかもしれませんが、「子育ては他人ごと」「育児は園にまかせきり」になっている保護者もいます。気持ちの上だけではなく実際に、「保護者と子育てを共有する」コミュニケーション行動をとっていかない限り、保育の価値やリスクについて伝えていくことはできません。

2. 保護者からのシグナルに耳を傾ける
　「なにかありましたら、ご意見箱にどうぞ」ではなく、さまざまな場面で保護者から送られてくるシグナルに応えながら、「また、いつでもおっしゃってくださいね」と言葉にしていきましょう。

3. 正直に、率直に、隠しだてをしない
　嘘や隠しごとは不信を生みます。一度生まれてしまった不信の払拭がとても難しいことは、実験などからも明らかになっています。リスクについては、言葉も態度も率直に。

4. わかりやすい言葉で、共感を持って話す
　会話や園だより、クラスだよりの中で、意識せずに保育用語、教育用語を使っていませんか？　こちらは伝えている「つもり」でも、保護者にはわからない、伝わらない言葉が、実はたくさんあります。こうしたことも、不信や不安につながりかねません。

5. 準備を周到にする。効果を評価する
　リスク・コミュニケーションは、行きあたりばったりでするものではありません。発信する情報の内容や言い方（書き方）、目の前にある課題への対応方法をしっかり考え、効果を予測し、実行した後には効果を評価していく必要があります。

6. 信頼できる他の組織と協働する
　他の施設や行政組織との連携が不可欠なのは、言うまでもありません。

7. マスコミのニーズに応える
　今の日本で、もっとも影響力を持っているのはマスコミです。組織としては、マスコミに対して積極的な、そして戦略的な関わりをしていくことが必要です。

世界保健機関（WHO）などで国際的に用いられているリスク・コミュニケーションの7原則を保育者向けに改編。初出は、1988年の米国環境保護庁（EPA）の文書。

と話してみよう」と保護者が感じること、そこに意義があるのです。目先のクライシスに振り回されたコミュニケーションばかりをしていると、この部分がまったく見えなくなってしまいます。

信頼関係があれば、クライシスを乗り越えられる

　ふだんから、保育の安全づくりに具体的に取り組み、その取り組みを保護者に伝え、保護者からの質問や指摘、疑問にも応え、保護者が家庭で活かせるような情報も伝えていくことで、「子どもが通っている園は、安全づくりに取り組んでいる。家庭でも役立つ情報を教えてくれる」という信頼感が徐々に培われていきます。一度、培われた信頼感は、クライシスが起きた時にもそう簡単には崩れないことが、コミュニケーション心理学の実験からもわかっています[10]。

　実験結果によると、組織に対して信頼感を抱いている人たちは、「事故や不祥事が起きても、きちんと情報開示してくれるだろう」と安心しています。反対に、その組織に対して最初から不信感を抱いている人たちは、「なにか起きたら、隠すだろう」「嘘をつくだろう」と考えており、組織が情報発信しても「嘘だろう」「信じないぞ」と感じます。信頼関係がない状態では、どんなに「正直に」情報発信しても相手は受けとめてくれないのです。

　保育の便益と共にリスクも伝えていくリスク・コミュニケーションは、保護者をはじめとするステークホルダーとの間に信頼関係をつくっていくための重要な方法です。「リスク・コミュニケーション

---

[10]Cvetkovich, G., Siegrist, M., et al., (2002). New Information and Social Trust: Asymmetry and Perseverance of Attributions about Hazard Managers. Risk Analysis, 22, 359-67.

の7原則」(93 ページ) で示した通り、基本の方法は明らかです。後はいかに「伝えたいメッセージ(便益とリスクのセット)」を伝わるような形に加工するか、です。ここは、専門家の助けと、現場でのトレーニングが必要になります。

　たとえば、「1歳頃になると、かみつき、ひっかきが起こります。園としては、かみつきやひっかきの予防に努めます。ご理解ください」とだけ園だよりに書いたら、保護者の不安をあおるばかりだ、ということはおわかりいただけると思います。では、どう書けばよいのでしょうか。もちろん、メッセージの柱は「1歳頃になると、自分自身のさまざまな感情が表に出てき始める」「他の子どもたちとの関わりが増えていく」「自分の思いを言葉で伝えることは、まだ難しい」といった育ちのプロセスであり、それを支える保育者の積極的な取り組みです。そういった育ちと保育の便益の情報に、「かみつき、ひっかき」という誰にでもいつでも起こりうるリスクの情報をいかに加えるか、ここがリスク・コミュニケーションの鍵になります。

　例を挙げると、こういった文章になるでしょうか。「1歳頃になると、〜のような育ちの特徴が現れてきます(成長の肯定的な説明)。その中で、思わず、他のお子さんにかみついてしまったり、ひっかいてしまったり、ということが起きます。ご家庭でも、そういった姿が見られるかもしれません。園では子どもの行動にできる限り目を配り、その都度、その子の感情を受けとめ、かみつきやひっかきではない形で表現できるように促していきます。見守っていく中で、かみつきやひっかきが起きたり、起きそうになったりした時は、保護者の皆さんにもきちんとお伝えします。」[11]

　この文章が、すべての保育施設にあてはまるわけではありません。子どもたち(個々の子ども、集団)と保護者の条件、保育者／園と保護者とのこれまでの関係(信頼関係、過去のクライシスの有無)

によって、書き方は多少違ってきます。ただ、いずれにしてもこれを事前に伝えておかなかったら、「かみついた！」という時に保護者に説明しなければならなくなります（＝危機が起きた後のクライシス・コミュニケーション）。冷静な時に「かみつき、ひっかきは１歳頃から起こる」と知るのと、自分の子どもがかまれて、驚きや怒りを感じている時に同じ内容を聞かされるのとでは…？ 冷静な時と感情的な時、保護者の受けとめ方の違いは明らかです。先取りしてリスクを伝えることの重要性はここにあります。

リスク・コミュニケーションの例

　66ページに、プール活動に関するリスク・コミュニケーションを簡単に紹介しました。ここでは、他の例を挙げたいと思います。

　さまざまな保育施設の掲示や園だより、クラスだよりを添削させていただく中で、たとえば感染症に関する記載も見てきましたが、「リスク・コミュニケーションの７原則」（93ページ）から見て正しい書き方はなかなかされていません。感染症について伝える時、症状、感染源、治療法、「登園許可書が必要です」「ご家庭でも手洗い、うがいをしてください」で終わらせていませんか？ リスク・コミュニ

---

[11] かみつき、ひっかきに限りませんが、「絶対に〜が起きないようにします」「ケガをさせません」と書くことは、リスク・コミュニケーションではありません。できない約束を保護者にしてしまうと同時に、意味のない期待を保護者に抱かせてしまうだけです。
　子どもの育ち、保育にはリスクが必ず存在すること、保育施設はリスクを下げる取り組みをしていること、この２つの事実を保護者に伝達すべく進めるのが、ここで取りあげているタイプのリスク・コミュニケーションです（リスクが大きい活動の場合に、活動の是非そのものを保護者に問うリスク・コミュニケーションは103ページ）。

感染症の掲示例

お子さんが2人、○○感染症と診断されました

> ひと目で内容がわかるタイトルに

本園に通園しているお子さん2人が下痢、発熱などの症状で受診したところ、○○感染症と診断されました。

> 事実を書く

感染症の発生と拡大を防ぐため、私たちは…
- いつも以上に、子どもたち、職員の手洗い、うがいを行っています。
- 玩具やテーブル、ドアノブなどの消毒を毎日、行っています。
- ○○○○○○○○

> 自園の取り組みを具体的に書く

> 強調するため、囲うなどする

ご家庭でも予防のため、
- 手洗い、うがいをなさってください。
- ○○○○○○○○
- お子さんの具合がおかしいな、と思ったら、**早めの受診をお勧めします。**子どもは、発熱や下痢による体力の消耗がおとなよりずっと早いのです。
- 病院で「○○○○○（感染症の名称）」と診断された場合、〜してください。書類は、事務室に置いてあります。

> 保護者が家庭ですべきこと（予防、発症時）

> 「注意して」「気をつけてください」ではなく、「何を」「どうしてほしいか」を具体的に

余白があれば、症状や治療法、予後などについて書いてもかまいませんが、「この病気についての詳しい情報は、厚生労働省の『感染症情報』ページをご覧ください」でも十分。病気について知りたい保護者は、すでに自分で調べているはずですから。

お子さまたちが元気に過ごせるよう、皆さまのご協力をよろしくお願いいたします。ご不明な点、ご意見がありましたら、いつでも園長、担任までお声がけください。

> 保護者が意見や質問を言えるよう、最後の文は常に必須

ケーションにおいて鍵となる「自園の取り組み」は、ほぼ抜け落ちているのが現状です。

「こういうことが起こりました」「こういう問題があります」のひと言の後には、「私たちは予防のために～をしています（していきます）」という具体的な内容が要ります。「園では、子どもたちと職員の手洗いとうがいをふだん以上にしています」「玩具や家具、ドアノブなどの消毒も行っています」「体温のチェックも…」、自園の取り組みを伝えることがまず必須なのです。

「ああ、うちの子の園ではちゃんとやっているんだ」と保護者が感じること。この信頼感があって初めて保護者は、「じゃあ、家でもそうしよう」「しっかり休ませてから登園させないと、子どももつらいし、園にも迷惑がかかる」と考える動機づけを持ちます。園の取り組みが見えなければ、保護者は「園でうつされた」「園ではなにもしていない」「とにかく預かって」という気持ちにもなるでしょう。

食物アレルギー対策でも、子どもの事故防止でも、組み立ては同じです。「リスクがあること」を伝え、「予防のための自園の取り組み」を書き、次に「保護者がすべきこと」を。そして、最後にはいつも必ず、「ご質問やご意見がありましたら、いつでもおっしゃってください」というひと言を忘れずに書いてください。

たとえば、「園を出る時は、お子さんと必ず手をつないでください」と題した掲示であれば、まず、「子どもは急に走り出したり、立ち止まったりします。車が来ると非常に危険です」（リスクの存在）、次に「私たちの園では、散歩などで園外に出る時、必ず保育者と、または子ども同士で手をつなぐように伝えて、実践しています」と取り組みを書きましょう。その後に、大きな目立つ文字や色文字、または囲みで、「門扉を出る時は（または、園の駐車場の中では）、保護者の方が必ず子どもと手をつないでください」と書くのです。

食物アレルギー対策の場合も、「お子さんがパン等を食べながら登園することがないようにしてください」「お迎え時におやつを出さないでください」と書く前に、「園には食物アレルギーのお子さんがいます」（リスクの存在）、「アレルギー発症を防ぐため、私たちはたとえば〜のような取り組みをしています」（自園の取り組み）と書いてください。登降園時に保護者がすべきこと、すべきではないことは、この後です。園の取り組みの記載がなかったら、「上から目線で命令されている」と思われかねません。

　もうひとつ、保育の活動に伴うリスク・コミュニケーションについても例を挙げます。たとえば、年長クラスでぞうきんがけの活動を取り入れる時。保護者になにも伝えずに突然ぞうきんがけを始め、子どもが前のめりになって歯を折ったら？　もちろん保護者は驚いて怒るでしょう。運動会の練習を始める時なども同じですが、こういう時こそ、リスク（＋価値）・コミュニケーションが欠かせません。園の活動の価値を伝えるチャンスですから。

　実際には、年中ぐらいから「カエル跳び」などの運動遊びをしているはずです（その活動に伴うリスクも伝えているでしょう）。そうすると、こういったコミュニケーションの内容になると思います。

1）ご存じの通り、私たちの園では運動遊びの中で「カエル跳び」や○○のような活動をしてきました。
2）こうしたからだの動きは跳び箱などでも大切ですが、床のぞうきんがけなどをする時にも不可欠です。ぞうきんがけは手足を協調して動かす、とても良いトレーニングです（1と2は、保育活動の価値の説明）。
3）そこで、○月○日ぐらいから年長のクラスで昼食後に床のぞうきんがけを始めたいと思います。前のめりになって倒れたりしないよう、まずはゆっくり、前に進めた両手に足を引きつけるところ

から始め、子どもたちの様子も見ながらだんだん早くしていきたいと考えています（進め方の中に、リスクと予防法を織り込む）。
4）手が滑らないよう濡れたぞうきんを使いますが、場合によっては手足が滑ってお子さんが顔を打ったりすることもあると思います。そういった場合には、お迎えの時にお伝えいたします（リスクと対応を明示する）。
5）ご意見やご質問がおありの方は、いつでも担任、園長、主任にお声がけください（リスクを知って、「やらせたくない」という保護者がいるのであれば、ここで個別に対応する。場合によっては、その子にはさせないという判断も必要）。

こういった形で、保育の価値とそれに必ず伴うリスクについて伝えていきましょう。

『入園のしおり』でも、しっかり伝える

リスク・コミュニケーションの内容は、掲示やおたよりで伝えるだけでなく、必要な場合には『入園のしおり』などの文書に入れて、年度の初めに保護者に伝えておくべきです[12]。なにかが起こる度に

---

[12] ただし、「とにかくなんでも書いておけばいい」ではありません。リスク・コミュニケーションは、利益／価値とリスク／コストについてバランスを取りながら、きちんとコミュニケーションをすることです。ただ情報を伝えるだけではなく、共感を持って正直に話をしていく過程を通じて、ステークホルダー同士の信頼感を高めていく流れ全体を指します。単に、「とにかく形式的に説明すればいい」「説明しておけば、後で責任を問われないだろう」ということではありません。
　玩具や日用品には、多くの場合、読めないような小さい字で「使用上の注意」が書かれています。「書いておけばいい」「リスクについて伝えたのだから、後は使う人の責任」、そんな姿勢があからさまにわかります。保育におけるリスク・コミュニケーションがそういうものであってはいけない、という点はよくおわかりいただけるでしょう。

その都度対応していると、職員や保護者によって対応が変わってしまうケースもあるでしょう。そうすると、「○○さんの時はこうだったのに、私の時は対応が違う」と指摘される可能性もあります。最初に決めて明文化しておけば、職員の対応も統一できます。保護者に対しても、「ここに書いてある通りです」「当初、ご説明した通りです」と伝えられます。

　感染症にかかった時の登園制限や登園許可書、保護者がすべき食物アレルギー対策（登降園時だけでなく、旅行のお土産を配らない、なども）のほか、降園時の安全、自動車通園の時の安全やマナー（駐車場で子どもの手を離さない、駐車場で立ち話をしない、駐車スペースが限られている園ではできる限り早く退出するなど）もここに含まれます。

　睡眠（午睡）中の安全確保の取り組み（特に乳児。うつぶせ寝をさせない、午睡／呼吸チェックをする）も、午睡中の突然死が社会的にも注目されている今の状況では、園の取り組みをきちんと知らせておくことが保護者の安心と園に対する信頼感をつくるために不可欠でしょう[13]。この時、厚生労働省等が出している乳幼児突然死症候群（SIDS）のリーフレット[14]と一緒に伝えれば、「厚生労働省も言っているんだ」「家でも、あおむけ寝にさせよう」と考える保護者がいるはずです。

---

[13]「そんなことを伝えたら、寝た子を起こす」と言う方もいますが、インターネットの時代、「保護者は知らないはずだ」と考えるのは間違いです。自分たちがリスクを認識していること、対策をしていることを伝えなければ、「うちの子の園は大丈夫なのかな」という保護者の不安を増幅します。睡眠中の異常や死亡は、どこの園でも起こりうるのですから、絶対に伝えておくべきリスクのひとつです。

[14]たとえば、「厚生労働省　SIDS　リーフレット」で検索すると、下のページが見つかります。http://www.mhlw.go.jp/bunya/kodomo/sids.html

また、かみつきやひっかき、子ども同士のケンカでケガがあった時、ケガをした子どもの保護者にケガの原因となった子どもの名前を伝えるかどうか、ケガの原因となった子どもの保護者にケガが起きた事実を伝えるかどうかも、ここで明文化して説明しておくことをお勧めします。名前を伝えるほうがいいか、伝えないほうがいいか、ではありません。どちらであれ、保育施設の方針をしっかり決め、その理由と対応の手順を明確にして、保護者に事前に伝えるところに意義があります。その場その場や、保育者ごとで対応が揺らぐことが信頼感に傷をつけます。

　もうひとつ、インターネット上のネットワークが広がる中、『入園のしおり』や掲示でリスク・コミュニケーションをしておくべき点があります。それは、プライバシーの保護です。

　ソーシャル・ネットワーク上で職員が保護者や子どもの話をするのは、当然、許されるべきではありません。保護者や子どものプライバシーを侵害する危険と共に、そういった話をしていることが漏えいすれば、施設や職員が信頼を失うからです。今の時代、こうした情報は簡単に漏えいします、職員からであれ、保護者からであれ。

　保護者に伝えておくべき点は、「保護者個人のソーシャル・ネットワーク上に他人の子どもの写真を載せたり、自分たち以外の家族や子どもの話題を書いたりしないこと（プライバシー侵害のリスク）」です。自分の子どもと一緒に写っていた他の子どもの顔をそのまま載せてしまったり、行事のビデオをそのまま載せてしまったりすると、たとえば、ドメスティック・バイオレンス（DV）で配偶者から身を隠している親子が大きな損害をこうむるリスクもあります。そうではなくても、子どもの姿が自分の知らない所で公表されているのは、保護者にとって気持ちのよいことではありません。ですから、「保護者が自分のソーシャル・ネットワーク上に子どもの画像を載せ

る時は、自分の子どものみとする」「他人の子どもが写っている時は顔の部分を画像処理するか、その子の保護者に許可をとる」といった内容を伝えましょう[15]。

　この内容の前にはもちろん、自施設が写真やビデオをどう扱うかも書くべきです。園の元データ管理（「カメラやビデオのメモリを園外に持ち出さない」といったプライバシー保護の取り組み）や利用方法（おたよりや園紹介で使う際のプライバシー保護）について書きます。さらに、デジタル・データ（写真の元データや行事のビデオ）の取り扱いのルールも明確にしておかないと、「元データがほしい」といった保護者の要求に一つひとつ答えなければならなくなります。「画像にはプライバシー侵害のリスクがあります」「私たちの園ではプライバシー保護のため、こういった取り組みをしています」「保護者の皆さんも、〜のようにしてください」…、これまで書いてきたリスク・コミュニケーションと同じ枠組みです。

保護者の意見を聞くリスク・コミュニケーション

　もうひとつ、これはほとんど取り組まれていませんが、園の活動に内在するリスクについて事前に保護者に知らせ、意見を聞く形のリスク・コミュニケーションもあります。こちらは、保護者の不安や心配を積極的に汲みとるコミュニケーションです。

　プールや川遊び（園外保育）、白玉のおやつなど、これまでにお子

---

[15] (独)情報処理推進機構は、2015年のゴールデン・ウィークに合わせて「ブログやSNSに投稿した写真からプライバシー漏洩の可能性」と題する注意喚起を出しています（2015年4月27日）。
https://www.ipa.go.jp/files/000045505.pdf

さんが亡くなった例もあり、たとえ1人か2人の保護者であっても「うちの子の園は大丈夫かな」と懸念を持ちうる活動の場合、このコミュニケーションは不可避です。「〜のような事故も起きており、ご心配の方もおいでかと思います」と、自分たちがリスクを理解している点をまず伝えます。今の時代、「保護者はそんな事故、知らないだろう」は通用しませんし、「以前の事故を知りませんでした」ですまされません。「園はリスクを認識している」と伝えた上で、園が考える活動の価値と、深刻な事態ができる限り起きないようにする具体的で効果のある対策を伝えます。

そして最後に必ず、「以上のように取り組みますが、不安のある方は（匿名でかまいませんので）ご意見箱に意見をお寄せください。また、この活動にお子さんを参加させたくない方は、お申し出ください」と伝えましょう[16]。

これまでに死亡事故が起きたものと類似の活動の場合は、はっきり「この活動を実施すべきか、中止すべきか、○月○日までに下の回答用紙でお寄せください」（回答用紙は無記名。どちらかの答えを○で囲むだけ）と尋ねましょう[17]。尋ねないままに活動をして、万が一、深刻な事故が起きれば、「(以前、死亡事故があったのだから)やめればよかったのに」「やっぱり。危ないと思っていた」と非難を浴びる可能性もあるからです。リスク・コミュニケーションの実験からも、それまであいまいな態度を持っていた層（強い信頼も感じていないけれども、強い疑いも感じていない人たち）は、悪いでき

---

[16] 細かいことですが、ご意見箱は事務室の前や廊下に置いてはいけません。「入れているところを先生に見られるかも」と思ったら、入れにくくなるからです。廊下の曲がり角や柱の陰、階段の踊り場、保護者用トイレなど、死角になる場所に置けば入れやすくなるでしょう。

ごとが起こると、それによって否定的な方向に大きく振れることがわかっています。ですから、万が一の事故が起こる前に園に対する信頼感を育てつつ、目の前にあるリスクに対しては、保護者にも事前に明確な態度を持っていてもらう必要があるのです [18]。

　一方で、日本は集団のプレッシャーが強い文化だという点も忘れないでください。「うちの子ひとりだけ特別扱いでは、かわいそう」「誰もなにも言わないなら、黙っていよう」「いろいろ言って、うちの子がいじめられたりしたら…」、こういった感情ゆえに、不安や懸念は

---

[17] これは多数決ではない、という点を理解してください。心配している保護者、「中止すべき」と思っている保護者がいるかどうかを知ることが目的です。「中止すべき」と回答した保護者が一人でもいたら、その旨を掲示した上で臨時の保護者会などを開き、どうすべきかを園と保護者で話し合いましょう。「中止すべき」と回答した保護者の人数を公表したり、個人を特定したりしては絶対にいけません（それをしたら、誰もなにも言えない園ができてしまいます）。「保護者の中に懸念がある」という事実を園と保護者がお互いに理解する。そして、結果的に活動を実施するならば、心配に応えられる安全対策をする、自由参加にする。そういった対策を合意の上で進めるプロセス自体が重要なのです。
　　ただ、無記名回答にしても、「中止すべき」とは答えにくいのがこの文化ですから、「中止すべきという回答はありませんでしたが、お子さんを参加させたくない方がいらしたら、不参加の旨、事前にお知らせください。理由はお尋ねしません」といった掲示を出しておいたほうが、「園は保護者の気持ちをわかろうとしてくれている」という信頼感の醸成につながるでしょう。「中止すべきというご意見はありませんでしたので、予定通り実施します。全員、ご参加ください」ときっぱり掲示したのでは、「なんとなく、もやもやした不安」を感じている保護者に不信感を抱かせてしまう可能性もあります。

[18] 事前の信頼感が高かったグループ、反対に低かったグループでは、悪いできごとが起きても、態度にそれほどの変化は起きなかったそうです。つまり、最初から信頼感を持っていなかった層は、「やっぱりダメ」「思った通り」と感じるのでしょう、悪いできごとが起きても否定感が大きく変わることはありませんでした（＝低い信頼感のまま）。また、最初から信頼感を持っていた層では信頼感がそれほど損なわれることがないという結果です。ところが、事前の態度がどっちつかずで信頼感があいまいだった層は、悪いできごとによって大きく影響されました。信頼感が大きく崩れたのです。Poortinga,W., & Pidgeon, N.F., (2004). Trust, the Asymmetry Principle, and the Role of Prior Beliefs, Risk Analysis, 24, 1475-1486.

押し殺されがちです。大多数の保護者は不安や言いたいことがあっても黙っています。「なにも言ってこないのだから、なにも思っていないのだろう」ではありません。「心配でも言えないのかもしれない」と考え、尋ねていかなければ、保護者の本当の声は拾いあげられないのです。

　もちろん、深刻な危険を伴う活動をしていても深刻な結果はめったに起きませんから、リスク・コミュニケーションをまったくしないでいても、大多数の不安や懸念は杞憂に終わるでしょう。加えて、「今まで大丈夫だったのだから」という偽りの安心感が、保育者側にも保護者側にも強まることになります。でも、これまでに死亡などの深刻な結果が起きた活動、またはそれと類似の活動を安全対策なしで続けていれば、間違いなく、いつかどこかで、誰かに、再び深刻な結果が起こります。「一昨年、○○県で川遊び中に死亡事故があったから、去年は保護者にも伝えたけど、なにも言われなかったし、なにも起きなかった。今年は去年みたいにしなくていいよね」ではありません。

　実際、深刻なリスクが内在する活動を安全対策のないまま行っても、あるいは、誤嚥窒息の危険が高い玩具を放置していても、深刻な結果が起こる確率は（幸運にも）とても低いのです。でもそれは「リスクを放置しておいても大丈夫」ということではありません。この点をしっかり理解してください。深刻なできごとは確率的に起こるものですから、「今回は（幸運にも）深刻な事故が起きなかっただけ」です。深刻な結果は、あなたの園では100年起きないかもしれない。でも、明日起きるかもしれない。それは、施設や職員だけでなく、保護者も理解すべき点ですし、保護者も子どもを預ける側として意思決定に参加する義務と権利があります。

🐧 深刻な事故から学ぶリスク・コミュニケーション

　ここで2人の保護者の方から、保護者と園の間の（リスク・）コミュニケーションについて学びましょう。2010年10月29日、保育園で出されたおやつのベビーカステラによる窒息事故で亡くなった栗並寛也君のお母さん、えみさん。そして、2012年7月20日、幼稚園のお泊まり保育中、増水した川で子どもたちが流され、溺死した

吉川慎之介君のお母さん、優子さん。お２人とも、お子さんが亡くなった原因をきちんと解明することで、次に同じような事故が起きないよう、懸命の取り組みをなさっている方です[19]。

「なぜ、お子さんが亡くなった親御さんの話を？」「極端な例でしょう？」とお思いになりましたか？

日常のコミュニケーションが少しうまくいかなくても、それだけでとても深刻な結果が起こることはめったにありません。「これ、心配だけど、先生に言ったら『クレーマー』と思われてしまうかな」「心配だけど、きっと大丈夫だよね」と保護者が口をつぐんでも、その「心配」が現実になることはまずないのです。なにも起こらなければ、保護者自身、心配していたことさえも忘れていくでしょう。

一方、子どもの命が失われるような深刻な結果が起きた場合、振り返ってみると「あの時のコミュニケーションがうまくいっていたら」「私がきちんと伝えていたら」「園がもっと伝えてくれていたら」という気づきが得られることもあります。そして、栗並さんも吉川さんも、そのような気づきをたくさん持っていらっしゃいます。

２人の気づきは、私が耳にする保護者の心配とも共通しています。私のまわりには、「自分自身が保護者でもある保育者、保育関係者」がたくさんおり、自分の子どもを預けている園（働いている園ではなく）にまつわる不安や心配を話してくださいます。栗並さんや吉川さんの話をうかがっていると、そうした保護者の不安や心配は決して杞憂ではないことがわかってきます。

---

[19] ◎栗並さんのウェブサイト「愛知県碧南市 認可保育園における事故について」
　　http://hiroyasmile.blog.fc2.com/
　　◎吉川さんのウェブサイト「愛媛県西条市の私立幼稚園で起きたお泊り保育事故の記録」　http://eclairer.org/

「そんなこと言われたって…」「保護者のほうだって…」という気持ちは、どうぞ脇にひとまずおいて、できれば保護者の気持ち、栗並さんや吉川さんの気持ちになって、ここから先を読んでください。コミュニケーションの第一歩は聴くこと、「自分の価値観や見方はとりあえずおいて、共感の気持ちを持って、人の言葉に耳を傾ける」ことなのです。そこから初めて、保護者と保育者（園、子育て支援側）は真のパートナーになっていくのではないでしょうか。

保護者の不安をしっかりと受けとめる

　栗並寛也君の場合、０歳児の数が徐々に増えて面積最低基準違反状態になる中で、保護者にはなにも伝えられないまま、こちらも基準違反状態だった１・２歳児の部屋に寛也君が移されました。そして、当日のおやつの時に見守りが欠けたことなどが、亡くなった背景にあります。えみさんは玄関に置かれている登園・降園記録票や園だより、保育者との会話から、０歳児が増えていることに気づき、「あの狭い保育室で大丈夫なのかな」と不安をずっと感じていました。

　一方で、１０月に入ってから寛也君の寝つきが悪くなり、夜泣きをするようになったそうです。「子どもが増えて、先生が一人ひとりの子どもに手をかけられなくなっているのでは」とも思い、えみさんは寝つきや夜泣きのこと、感じている不安を連絡帳で伝え、「園の環境になにか変化がありましたか」と尋ねました。ところが、園からの返事は「変化はない」でした。えみさんの質問に対する答えもなく、「今日は〜で楽しく遊びました」という記述しかない日もあったそうです。

　保護者、特に当時のえみさんのように第一子を育てている保護者は、いろいろな不安を抱えていることが多いものです。「最近、うち

の子が…」という不安は、多様な子どもをたくさんみている保育者にとってはたいしたことではなく、保育と無関係に思えるかもしれません。実際、成長・発達に伴うあたりまえの変化かもしれません。部屋のレイアウトを変えることにしても、保育者からみれば「環境の変化」とは思えないのかもしれません。

　でも、「変化はありません」「大丈夫」「気にしなくていいですよ」と言われたからといって、人間の不安は消えるものではないのです。逆に、不安がある中でそう言われれば言われるほど、「先生（たち）は私の不安を受けとめてくれない」という不満や、えみさんが感じたような「私が気にしすぎなのかな。先生を信用しよう。でも…」というさらなるストレスにつながります。

　保護者の不安や懸念はまず、「～と感じていらっしゃるんですね」としっかり受けとめてください。これが「ああ、この先生は聞いてくれる」という気持ち、信頼感を保護者の心の中に築くための基礎です。そして、「どこが」「どんなふうに」といったことを一つひとつ、そっと尋ねてください（問い詰めてはいけません）。不安は、「なんだかわからないけど、とにかく不安！」という時が一番つらいのです。「どこが」「どんなふうに」不安なのかを自分自身で言葉にし、わかっていくと、それだけでその人の気持ちは楽になっていきます。保護者が「どこを」「どんなふうに」不安に感じているかがわかると、保育者側もそれを安全性の向上や保育の改善に活かせるかもしれません。

　「大丈夫ですよ」「変わりありません」といった返答を繰り返していたのでは、保護者の不安や不満は大きくなるだけです。園側にとっても、せっかくの気づき、学びの機会が失われてしまいます。「リスク・コミュニケーションの7原則」の「保護者からのシグナルに耳を傾ける」（93ページ）とは、こういうことなのです。

保護者の不安を積極的に汲みあげる

　すでに書いた通り、保育施設におけるリスクの中には、白玉、ミニトマト、うつぶせ寝など、これまでに死亡事故が起きており、メディアでも広く報道されたものがあります。次に深刻な事故が起これば、注目も集まり、「また起きたの？」と言われれば言い訳がきかない、組織にとっては大きなリスクです。

　乳児の突然死予防に関しては午睡チェックが浸透してきていますが、白玉や餅、丸のままのミニトマトなどは、いまだに提供している園があるようです。それなりの理由があって出しているのでしょうけれども、保護者の中に不安があるのは事実です。私も、乳幼児をお持ちの保育者、保育関係者の方たちから「私の園では、白玉を出していないけど、子どもが行っている園では出していて…」という声を聞きます。でも、たいていの保護者はその不安を園に伝えていません。「クレーマーだと思われたら困る」「違うものを出してもらうのも気がひける」「違うものを食べていたら、子どもがいじめられるのでは」…といった気持ちがあるからでしょう。

　栗並寛也君が亡くなる数日前、保育園は2週間後に行う餅つきの連絡を保護者に渡しました。「0歳児クラスもお餅を？」と不安に思ったえみさんは、担任保育士の1人にそう尋ねたそうです。答えは「毎年、0歳児も食べているので大丈夫だと思う。心配ならばご飯を持ってきて、汁と具だけにしては？」でした。えみさんは、「先生に任せたほうがいいのかな」「私が神経質なのかな」と感じたと言います。餅に限らず、似たようなやりとりはいくつかあり、「先生たちはプロなのだから…。母親としては、もう少しおおらかに構えていないといけないのかな」とその都度、思ったのです。

　「不安なら、保護者は言ってくるはずだ」「言ってこない保護者が

悪い」と考えるのは簡単です。でも、保護者にしても、自分の子どもが通う園で深刻な事故が起こるとは、ましてや自分の子どもに起こるとは思いたくありません。「うちの子は大丈夫にちがいない」と思えば、たとえ不安を感じていても大半の保護者は口に出さないでしょう。栗並さんのように不安を率直に口にしたとしても、「大丈夫」と言われれば、「うちの子は大丈夫なはず」「私が気にしすぎ」と感じるのです。ただでさえ、世の中では「モンスター・ペアレント」が話題になっていますから、「あんなふうには思われたくない」「いろいろ言いすぎて、うちの子をちゃんとみてもらえなくなったら大変」と保護者は考えます。

　では、園としてはどうしたらいいのでしょうか。「不安でも、言えない保護者はいるはずだ」、この前提に立って、「白玉や餅については、私たちの園では〜のような方針で来ましたが、ご心配の親御さんもいらっしゃると思います。皆さんの率直なお考えをお聞かせください」といった形のアンケートを完全な匿名で行うべきです（103ページ）。こう問いかけても、はっきり「やめてほしい」「不安だ」と答える人は多くないはずです。でも、少なくとも、「園は、私たちの気持ちを聞こうとしている」「不安な時はちゃんと言ってみようかな」という気持ちが保護者の中に生まれてくるでしょう。

　ここでの鍵は、「事故が起きているのに、なぜ？」「本当に大丈夫なの？」という保護者の不安を積極的に汲みとらないことの危なさです。「なにも言ってこないのだから、なにも心配していないのだろう」と考え、不安を汲みとらないでいると、なにか深刻な事態が起きた時に、「ああ、やっぱり」という強烈な不信感を残します。それはまさに、栗並えみさんが寛也君の事故後、餅つきのやりとりを思い出して感じたことでした。

　同じようなことは、吉川慎之介君の事故の後にも起こりました。

過去、さまざまな事故がその幼稚園で起きていた事実、保護者に伝えられてこなかった事実が慎之介君の事故後、明らかになったそうです。卒園児の保護者たちから「いつか大きな事故が起こるのでは、と思っていた」と言われ、憤りと悲しみと同時に愕然ともしたと優子さんは話しています。

事実が伝わるように伝える

　吉川慎之介君が亡くなったお泊まり保育について幼稚園が説明会を行った際、園は「水遊びをします」という言葉を使ったそうです。この言葉から優子さんがイメージしたのは、水たまり程度の小川で遊ぶ姿でした。実際に事故が起きた「流れが速く、深く、岩場の多い渓流」は頭に浮かばなかったのです。地元で育った方ならすぐに渓流をイメージしたのかもしれませんが、吉川さん家族は異動で5年前、当地に引っ越してきた方たちでした。

　事故後、吉川優子さんは、「あの時、『渓流』と説明されていたら…。その場所の写真などを見ていたら…」と考えたそうです。「なぜ、お泊まり保育に行かせてしまったのか」と、ご自身を責めもしました。「水遊び」「川遊び」「渓流遊び」…、どの言葉も受け取る人によってまったくイメージが変わります。「水」は子どもの命を奪う深刻な危険ですから、起こりうるリスクが正確に伝わるよう、その上で保護者が判断を下せるよう、これまでの写真なども見せながら伝えるべきでしょう。

　また、お泊まり保育の前に不安定な天候が続いていたことから、当日、ある保護者が「浮き輪やライフジャケットを持たせなくてよいのか」と園長に尋ねたそうです。園長の回答は「大丈夫ですよ。足首程度の安心な所なんですから」。ところが、実際の川の深さは、

浅くてもおとなのひざ下、深い所は股下まであったのです。

　繰り返しになりますが、園も「深刻な事故が起こる」とは考えたくありませんし、保護者も「自分の子どもに大変なことが起こる」とは思いたくありません。だから、リスクを軽く考える傾向を持っています。これが楽観バイアスです。とはいえ、他人の子どもの命を預かっている以上、リスクの過小評価は組織にとってきわめて危険です。リスク・コミュニケーションとしては、その活動の楽しさや大切さと一緒に、危なさについても事実として説明した上で、具体的な対策だけでなく、リスク回避（お泊まり保育に参加させない、白玉を食べさせないなど）の選択肢を保護者にきちんと示すことが必須です。

　一方、栗並寛也君の場合、0歳児の数が増えている事実にはえみさんも気づいていました。でも、寛也君が1歳児と一緒に保育されていることは、両親に伝えられていませんでした。「送迎の時に保育室を見ていたら、わかるのでは？」…、寛也君が通っていた保育園では送迎がすべて玄関で行われ、保護者が保育室に入る機会はまずなかったのです。えみさんは当初、この方法に違和感を覚えて質問もしたそうですが、「園の方針」ということで終わったそうです。

　このような形の保育施設は決して少なくありません。昨今、保育施設を設置する場所の問題や保護者の利便性から、実際に保育をする以外の場所で朝晩の子どもの受け渡しをする施設も増えています。また、送迎バスを使っている施設もたくさんあります。こうした施設では、保護者が保育の現場を見ない、現場の保育者と声をかわしにくい以上、よりきめ細かいコミュニケーションが園に求められます。それは日々の保育についてだけでなく、安全やリスクについても、です。

保護者のリスク判断スキルを育てる

　保護者が心配しても、あるいは園の「大丈夫ですよ」に疑問を持ったとしても、たいていの場合、保護者にとっても園にとっても幸運なことにその心配は現実にはなりません。そうすると、大半の保護者には「先生が正しい」「大丈夫なんだ」「自分が心配性なだけ」という気持ちが育っていくでしょう。

　でも、栗並さんと吉川さんの事例や同様のリスク、危なさを考えるなら、保護者にこういった気持ちが育っていくことは、決してよいとは言えません。つまり、本当に危険な状況でも、「今までも大丈夫だったから」「私が心配性なだけ」という判断（リスクの過小評価）を保護者がしてしまいかねないからです。

　また、こうした気持ちが育っていくと、不安を園に伝える保護者に対して（園側も他の保護者も）「大丈夫なのに、なんであんなに言うのかしら」「心配しす

ぎじゃない？」といったマイナスの感情を持ちかねません。「自分の子どもにはなにも起きないはず」「自分の園ではなにも起きないはず」と思いたい気持ちも手伝って、リスクや危なさを過小評価する方向へ、不安を口にしない（させない）方向へ向かうプレッシャーが、集団と社会の中でかかっていくのです。

　保護者の心配や不安、懸念に共感を持って対応すること、リスクを過小評価せずに伝え、リスク・コミュニケーションに取り組むこと。それは保育施設にとってはリスク・マネジメントの基礎であると同時に、保護者にとってもしっかりしたリスク意識を持っていくための道筋です。この点については、最後の章でもう一度、お伝えしたいと思います。

第4章

すべての基礎、
園内コミュニケーションをつくる

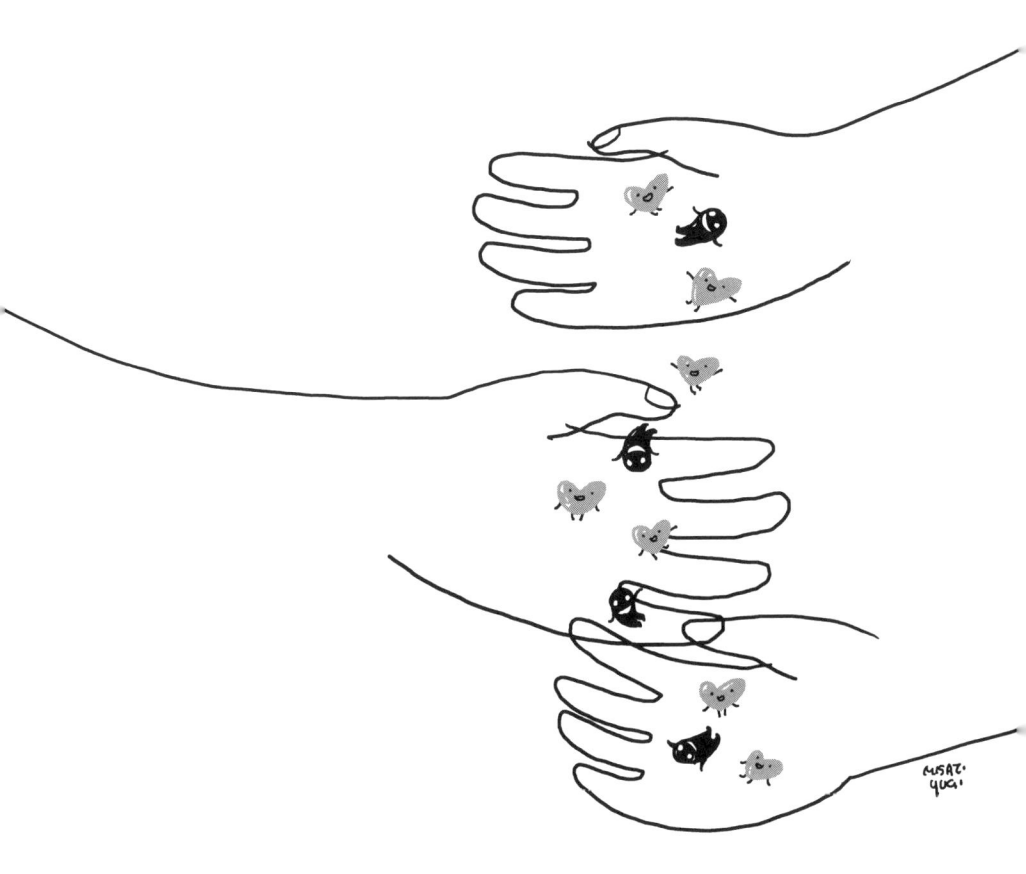

コミュニケーションの前提
＝「簡単には伝わらない」

　ここまでお伝えしてきた通り、保育施設と保護者は「子育て」を共に進めていく大切なパートナーです。保育が多様化している今、小規模保育、ベビーシッターやファミリーサポート、子育て支援センターなどに携わる方たちも、子育ての大切なパートナーとなっています。ところが実際には、コミュニケーションがうまくいかないため、パートナーシップに支障が出ることも少なくありません。

　他人とじょうずに、効果的にコミュニケーションを進めていくには、どうしたらよいのでしょうか？　まずは、「こちらが伝えたつもりになっていること」が「つもり」の通りに伝わることはまずありえない、という前提を持つ。「考えも思いも、事実さえも、そう簡単には伝わらない」、これが鉄則です。

　特に、保護者と保育者（園、子育て支援側）は、パートナーであるとはいえ、まったく異なる立場にいる。利害も決して一致しない。「使う言葉」も違う。保育者の間ではあたりまえの保育用語も、保護者には伝わらない、誤解される可能性が十分にある。そしてなによりも人間には、「メッセージを自分の解釈したいように解釈する（＝聞きたいようにしか聞かない。見たくないものは見えない。聞きたくないことは聞こえない）」傾向がある。こうした前提でふだんからコミュニケーションすることが不可欠なのです。

　「保護者が勝手に誤解している」「保護者のコミュニケーション・スキルが低い」…、そういう場合も間違いなくあるでしょう。でも、それを言ってもなにも改善されません。保育者、施設は、「子育てを支える専門家集団」なのですから、働くプロとして最低限のコミュニケーション・スキルが要求されます。そして、このスキルが一朝

一夕で身につくものではない以上、「保護者が悪い」と最初から決めつけるのはやめて、まずは「保育者側がどういうコミュニケーションをしたら、問題を解決できるか」「より良いコミュニケーションができるか」と考えましょう。そうすることで、少なくとも保育者側のコミュニケーション・スキルは上がっていくからです。

　保護者とのコミュニケーション・スキルを上達させたい。保育者の方は皆、そうおっしゃいます。一番の近道は…？　まず、職員間のコミュニケーションを向上させていきましょう。毎日、顔を合わせる同僚や先輩、後輩、上司とコミュニケーションができないのに、保護者とのコミュニケーションがうまくいくわけがありません。職場は、コミュニケーション・スキルを向上させるための格好の場所です。職場の中でコミュニケーションがスムースになっていけば、保護者とのコミュニケーションもリスク・コミュニケーションも当然、良くなります。

コミュニケーションはリスク・マネジメントの基礎

　「コミュニケーション」の語源の意味は、「共有」です。語源のラテン語から派生した古フランス語 comunicacion が 14 世紀の言葉とされているようですので、当然、インターネットも電話もない時代の「共有」です。そして、血筋、宗教などを「共有」する集団が community と呼ばれました。なにかを共有する（communication）集団が community。保育施設も「保育」というプロの仕事を共有するコミュニティです（看護師、調理師、栄養士などの人たちも含めて）。そこになくてはならないものが、コミュニケーションです。コミュニケーションがなければ、コミュニティはありません。

園内コミュニケーションは、保育施設におけるリスク・マネジメントの基礎です。ヒヤリハットや気づきが出てきた時に、「ほんとだ！ 大事なことに気づいてくれてありがとう」「また言ってね」とお互いに感謝していけば、深刻なできごとを未然に予防できるかもしれません[1]。ヒヤリハットや事故の情報が迅速に流れ、「これは危ないね」「こういうふうにしてみたら？」といったアイディアがたくさん出てくれば、知恵を出しあう文化もつくられていくでしょう。「その配膳、間違ってないかな？　ちょっと待って。確認してみるね」「○○ちゃんの薬、いつもと違ってない？ お母さんに電話してみようか」といった間違いや疑問の指摘ができれば、ここでもリスクを小さくできるはずです。そして、保護者に対しても一貫したブレのない（リスク・）コミュニケーションができていくでしょう（職員によって言うこと

---

[1] 「じゃあ、予防に取り組もう！　まずはヒヤリハットや気づきをどんどん出していこう」と言ってスタートすると、当然のことですがヒヤリハットも増えますし、気づきも増えます。これまでは報告のなかった小さなケガなども出てくるようになるでしょう。「こんなにいっぱい。怖いね」と思わないでください。意識し始め、気づくことができ、共有できているからこそ、たくさん出るのです。
　その後、効果のある予防の取り組みをしていけば、小さなケガや誤食は減っていきます。ヒヤリハットも減っていくでしょう（まったく減らないとすれば、それは取り組んでいる方法に効果がないということです）。それまで小さなケガや誤食事例がたくさん起きていたのであれば、効果を実感できる可能性があります。ただ、事故自体、確率的に起こるできごとですし、保育施設の事故の場合、そこにいる子どもや職員の条件も影響しますから、1年、2年の発生数を単純に数えて「増えた」「減った」と言うのは意味がありません。
　一方、深刻なできごとに関しては、取り組みの成果が絶対に見えません。深刻事故予防は、「めったに起こらないけれども、いつか、どこかで、誰かに確率的に起こる深刻なできごとが、自分の園では起きないこと」が成果だからです。「成果が見えないことが成果」であるため、取り組む動機は容易に薄れています。
　ですから、こういった予防の取り組みは「数」や「結果」ではなく、気づきを声に出せること、意見を出しあえることといった園内コミュニケーションの部分で支えていっていただきたいと思います。ヒヤリハットの集め方については、NPO法人保育の安全研究・教育センターのウェブサイトを参照してください。

や書くことが違うのでは、それだけで保護者、地域住民などの不信感を買います)。

　また、保護者が発信してくるシグナルをとらえ、園内ですぐに共有し、効果的な対策や対応をとっていけば、保護者とのコミュニケーションがこじれるリスク、それによって保育者の心が傷つくリスクも下げていけるでしょう。保護者から聞こえてくるさまざまな意見を保育の質の向上に活かしていくこともできるはずです。保護者が持っている安全の情報もスムースに入ってくるようになります。

　なかには、ヒヤリハットや保護者のシグナルをうまくとらえられない職員もいます。それでも、先輩や園長に「これはどうしたらいいでしょうか」「どう答えたらいいでしょうか」と率直に、きちんと尋ねることができれば、コミュニケーションが失敗するリスクは小さくできます。尋ねた職員にとっても学びになります。

　ヒヤリハットやケガ、保護者からの意見などは、本来とても流れにくい情報です。どれも「自分が悪かった」「言ったら怒られるのでは」「あの保護者は〜だから」といったマイナスの感情がつきまといやすく、気も重くなりがち。言わずにすませたいと思う人も少なくありません。「なにかあったら言って!」「言わなきゃダメだよ!」とトップが指示するだけではなかなか流れないのです。けれども、命に関わっていたかもしれないヒヤリハット(例:誤嚥、食物アレルギー、置き去り、転落しかけなど)が迅速に共有されなければ…? 同じもので、または同じ状況下で次は子どもが亡くなるかもしれません。

　裏を返せば、事故や保護者に関する情報が流れる保育施設であるなら、他のさまざまな情報や保育の知恵もどんどん流れる、ということです。言いにくいことを言いにくい園では、言いやすいはずのことさえも言いにくくなっていきます。言いにくいことでも言いやすい園ならば、言いやすいことはもっと言いやすくなります。当然

のことですけれども、コミュニケーションが良い園は、働きやすい園であり、働き続けたいと感じられる園です。

職員は、上の人が「していること」を真似する

　保育施設における情報の流れの要になるのは、言うまでもなくリーダー層。園長、副園長、主任、クラスのリーダー、そして、理事長、社長、自治体の保育課も含まれます。けれども、年齢や立場ですぐに「上と下」が決まるこの文化では、年齢や経験年数が１年でも上なら「上」。ですから、「新卒」以外の職員はすべて、誰かの「上」になります。

　リーダー層や「上」の人たちが「情報をちゃんと上げなさい。流しなさい」と言っていればコミュニケーションは良くなるかというと…、残念ながらそうではありません。上の人が自分自身でも情報を流す積極的な行動をし、同時に、情報を流している職員を具体的に言葉と行動で支えることが必須です。なぜなら、人間は子どもであれおとなであれ、見本となる人の行動（ロール・モデル）を模倣する生き物だからです。「この人、言っていることとしていることが違うなあ」…、そんな時、周囲はその人の「言っていること」には従わず、「していること」を真似ます。

　もちろん、「反面教師」「他人の振り見て我が振り直せ」という言葉もありますから、「うちの園長（リーダー）のような行動、言動はしないように努力しよう」と考える人もいるでしょう。代替となる（質の良い）ロール・モデルがいて、「ああはならないようにしよう」という努力を支えてくれる人がいればよいのですが…。

　いずれも容易ではありません。なぜなら、上下関係が強い日本社会では、質の悪いリーダーであっても外見上は誰も反抗せず、組織

が動く（動いているように見える）からです。結果、「言うこととしていることがまるで違う、威圧的なコミュニケーションしかしないリーダーでもいいんだ」「あの統率の方法には効果があるんだ」という、誤ったメッセージが組織全体に広がります。一方で、「あのようになってはいけない」と意識的に思い続ける動機は下がります。

「わかったつもり」「できたつもり」はスキル習得に通用しない

　コミュニケーションはスキル[2]のひとつですから、「身につけよう！」と思ってトレーニングを積みさえすれば、誰でも身につけることができます（習得のしやすさには個人差があります）。逆に言えば、「身につけよう！」と思ってトレーニングを積まない限り、誰の身にもつきません。スキルという言葉の定義上、生来、コミュニケーション・スキルが備わっている人はいないのです。リーダーシップ・スキルも同じです。リーダーの座についたからといって、ましてやリーダーの立場に生まれついたからといって、リーダーになれるわけではありません。

　そして、スキルを身につける唯一の方法はトレーニングです。「園長研修」や「主任研修」で数時間、話を聞いても絶対に身にはつき

---

[2] 「スキル」の定義は28ページ[6]に書いた通りです。コミュニケーション・スキルは、聞く、話す、表情、ボディ・ランゲージといった行動を統合して、「今、この状況で、この人と、この目標に合ったコミュニケーションをすることができる」応用力を指します。単に「話が聞ける」「話ができる」では、コミュニケーション・スキルとは呼びません。そして、コミュニケーション・スキルの中心は、物の言い方（声のトーンなど）や表情を含むボディ・ランゲージが占め、「なにを言うか」は―の次です。

ません。各種のスキルについて心理学や脳科学が明らかにしつつあるように、コミュニケーション・スキルもリーダーシップ・スキルも「実際に取り組み」「失敗をし」「失敗から学び」「一つひとつの行動や習慣を変えていく（つくっていく）」過程を経て身につけていくものです。

さらに、「わかったつもり」「できるつもり」はまったく通用しないのがスキル習得の世界。なぜかというと、どんなスキルでも、外から見たら「身についている」「いない」は一目瞭然だからです。とはいえ、「私、コミュニケーションがうまいでしょう？」と言う人に対して、「いや、先生はちょっと…」と（親切かつ正直に）言ってくれる人もいないのが日本社会です。トレーニングも積まずに「わかったつもり」「できたつもり」でいたら、その人は「裸の王様」。特に、リーダー層になればなるほど、周囲はなにも指摘してくれなくなります。裸の王様はどんどん育ち、組織も悪影響を受けていきます。

「上に立つ人」のための園内コミュニケーション・スキル

保育施設のリーダー層や「上に立つ人」は、まずどんなコミュニケーションをすればよいのでしょうか。紙上ではトレーニングを提供できませんから概論になってしまいますが、私が実際に取り組んでいる内容から骨組みになる部分をお話しします。

(1) コミュニケーションはゴールのある戦略

この点が腑に落ちない限り、園内や対保護者の効果的なコミュニケーションはできません。コミュニケーション・スキルを身につけることすら不可能です。「今、この状況で、この人との間で達成した

いゴール（目標）はなにか」を明確にし、「この相手に、なにをどう言えば、ゴールに向かえるか」を考え、「これをこう言ったら（言わなかったら）、相手はどう返してくるか」を予測しながら自分の言動をつくることが「戦略」です。戦略を明確にした上で戦略に沿ったコミュニケーション行動をし、「私はこの内容を、こういうふうに、この人に伝えたい！」と思った内容（設定したゴール）がその人に伝わったなら、そのコミュニケーションは成功と言えるでしょう。

　仲の良い友人とのよもやま話は別として、たいていの会話にはゴール（目標）があります。「運動会の競技と進行を決めたい」「この先生に○○の方法を教えたい」「アイディアを出しあいたい」「××さんに〜を頼みたい」「△△さんの〜を断りたい」「これ以上、文句を言わないでほしい」「私を好きになってほしい」「仲直りをしたい」…。仕事から日常生活まで、目標のない会話や目標のないコミュニケーションを探すほうが難しいくらいです。

　目標がある以上、コミュニケーションは戦略です。「戦略」と言うと、「そんな難しいことは考えられない」とおっしゃる方もいますが、難しくはありません。「今のこの目標を達成するためには、なにをどう言えば（なにを言わなければ）一番効果的で効率的かを考える」、これが戦略であり、日常生活の中で誰かに頼みごとをする時、誰かに好かれたいと思う時などなど、たいていの人は意識的に、または無意識のうちに戦略を考えているものです。

　職場は、日常生活以上に戦略が必要な場所です。特に、リーダーである以上、一人ひとりの人材を動かし、人材を育てる義務と責任がありますから、そのためのスキル（コミュニケーション・スキル、リーダーシップ・スキル）が要求されます。「私の言っていることが、なんでわからないの！」「俺の言っていることがわからないのは、おまえが馬鹿だからだ！」では人は動きませんし、育ちません。これ

では、人間というコマを使い捨てるだけの組織であり、早晩、行き詰まります。

　子どもの育ちを促すため、保育者というプロである皆さんは、知識と技術を総動員してスキル（応用力）を発揮し、「今、私たちの目の前にいるこの子どもたち」に働きかける戦略を考え、毎日を過ごしています。それと同様に保育施設のリーダーにも、働く人一人ひとりを効果的、効率的に動かし、育てる戦略を考える習慣と、それを具現化するスキルが求められています。

(2) 一人ひとりに合わせる

　戦略の柱のひとつは、「一人ひとりに合わせる」です。「〇月〇日が卒園式です」「〜の報告書は〇月〇日が締め切りです」といった内容なら、一人ひとりに合わせる必要はないかもしれません。それでも、「目で見たほうがわかる人」「耳で聞いたほうがわかる人」といった違いはありますから、簡単な情報でも耳と目の両方から入るようにしたほうがよいでしょう[3]。

---

[3] 保護者に対する情報発信でも、同様の配慮は必要です。たとえば、日本社会ではあまり配慮されていませんが、おとなの中にも読字障害や聴覚系認知障害の人はいます（目で見た文字／聞いた音を脳が処理できない／処理に時間がかかる）。「遠足の案内を渡してあるのにどうして？」と怒る前に、そういった可能性も考えてみてください。もちろん、遠足の案内そのものが保護者にわかりやすい形、大事なポイントがしっかり伝わる形になっているか、誤解を生まない書き方になっているかどうかが、最初のチェックポイントです。実際におたよりや掲示の添削をしていると、わかりにくい記述や誤解（多様な解釈）を生む説明がたくさんあります。

　コミュニケーションは受け取り手が主体ですから、「どうしてわからないの？」と言っても始まりません。まずは、自分たちのコミュニケーションの内容と効果を精査して、受け取り手に合わせていきましょう。それによって、あなたのコミュニケーション・スキルも上がっていくからです。

一方、保育の方法や知識、技術、スキルなどは、相手にある程度合わせた伝え方が必要になります。まず、あなたご自身のことを考えてみてください。たとえば、あなたは「結論から言ってほしいタイプ」？　それとも「一から説明してほしいタイプ」？　結論から言ってほしいのに、一からこと細かに説明されたら混乱しますよね。逆に、理由を知って初めて納得できるのに、結論だけ言われても困りますね。この違いを考えるだけでも、自分が伝えたいことの「伝わりやすさ」は大きく変わるのです。

　人間はそれぞれ、「聞き方の癖」「話し方の癖」を持っています。結論から言う人、一から話し始める人、それだけでなく、人の言葉の裏を読もうとする人、言葉通りにしかとらない人、自分に都合よくとる人、自分が責められているようにとる人、決めつけた言い方をする人、あいまいな言い方をする人…。さまざまな癖を自分自身についても、職員についても把握することが戦略の第一歩になります。

　「一人ひとりに合わせるなんて、面倒だ」「下の人間がリーダーをわかろうとするのが当然じゃないか」と思われるかもしれません。けれども、これ自体がリーダーにとってのコミュニケーション・トレーニングです。ふだん接している職員の違いすら把握できなかったら、そして、その人たちに合ったコミュニケーションを日々つくっていけなかったら、突然、いろいろな話を伝えてくる保護者や地域住民に対して適切に応えることなどできません。

(3) コミュニケーションは、自身の感情に気づくことから

　どんなにていねいな言葉を発しても、声に怒気やいやみがこもっていたら、相手には本当のメッセージ（怒りや不満）が通じてしまいます。使う言葉が適切なのは当然のこと。それ以前にコミュニケーションでもっとも大切なのは、声のトーン（明るさ、暗さ）や声の

柔らかさといった「ものの言い方」です。

　リーダーとして、職員に自分が伝えたいことを伝えようと思うのであれば、怒りや不満のこもった呼びかけでコミュニケーションを始めるのは、最悪の方法です。あなたの呼びかけにドキリとした職員は、「なにを怒られるのだろう」「なんて言い訳しよう」「怖い」という感情に襲われます（＝急性ストレス状態）。詳しい説明は省きますが、急性ストレス状態に陥った人になにを説明しようとも、教えようとも、相手は聞いていませんし、理解もできません。急性ストレス状態下では、「しっかり聞いて理解する」大脳の働きが抑制されてしまうためです。たいていの場合、聞いていない職員が悪いのではありません。聞けない状態に相手を追い込んだあなたの失敗です。

　自身のものの言い方をコントロールするためには、自分の感情を把握することが最初の一歩です。言葉を発する前に「今、私は○○先生がしたことに怒っている」と気づけば、その感情を自分で受けとめた上で「どういう言い方をすれば、○○先生には理解できるか」という、問題解決に向けた戦略を立てられます。単純にムカッとしてその人を怒鳴りつけたのでは…。あなた自身の気持ちは一瞬すっきりするかもしれませんが、問題はなにも解決しません。その職員はあなたのメッセージを受け取らず（受け取れず）、「怒られた」という感情のしこりが残るだけです。

　「怒らなかったら気がすまない」「怒らなければ、相手にはわからない」とおっしゃる方もいます。コミュニケーションが戦略であり、自分の伝えたいことがその人に伝わって初めて意味のあるものである以上、あなたの気持ちが「すむか、すまないか」は問題ではありません。怒りの感情が相手に伝われば、その人はあなたのメッセージを受け取りません。つまり、「怒らなければ、相手はわからない」ではなく、「怒るから、相手に伝わらない」のです。感情の爆発とし

ての「怒り」と、冷静なアドバイスや指導は似て非なるものです。

　「怒りを我慢しろというのか」とおっしゃる方もいます。我慢してくださいとは言っていません。怒りを爆発させたら問題解決は遠ざかるだけなのですから、自分が感じている怒りを受け入れた上で、「今、問題を解決するには、どう伝えたらよいか」を考えればよいのです。怒りを爆発させれば、相手は聞いておらず（聞くことができず）、結局、あなたの時間と労力は無駄になります。気はすむかもしれませんが、相手にはなにも伝わらないのですから、また同じことが起こり、あなたの怒りはいっそうひどくなるでしょう。子どもで

> ### ★自分の感情に気づく
>
> 　職場であれ家庭であれ、コミュニケーションのほぼすべてにはゴール（目標）があり、ゴールに向けた戦略を必要とします。ゴールを見失わせ、戦略を失敗に導く最大の原因は、あなた自身の怒りやおびえといったネガティブな感情です。特に、怒りにまかせて戦略のない言葉を発した瞬間、コミュニケーションは壊れます。確かに、戦略的に怒りを表現し、伝える方法もありますが、それは自分の感情をコントロールできるようになった後のスキルです。
>
> 　コミュニケーション・スキルの背景には、なによりもまず、自分の感情を観察するスキルがあります。子どもや職員の様子を見ていて怒りやいらだちを感じたら、あるいは、コミュニケーションの最中に怒りやいらだちを心の中にみつけたら、「ああ、いらだっているな、私」「怒っているんだね、私」と、まず自分自身にそっと、やさしく声をかけてあげてください。ネガティブな感情は無視すればするほどどんどん大きくなり、突然、爆発するからです。
>
> 　そして、心の中のいらだちや怒りに気づいたら、意識して深く、ゆっくり呼吸をします。これだけでもからだの緊張は少しやわらぎ、自分の声のトーンをコントロールしやすくなります。感情コントロールの第一歩です。

はありませんし、ましてや組織のリーダーなのですから、自分の感情を管理して問題解決に向かうのが当然ではないでしょうか。

（4）言ってもらえる自分になる

　人はロール・モデルの行動を模倣します。リーダー層は真似をされる存在なのです。ところが、リーダー層になればなるほど、周囲はなにも言ってくれなくなる、それはこの社会の特徴です。リーダー

層の人がたとえば、「あ、間違った？ 私の説明がわかりにくかったかな…。ごめんなさい。どこがわからなかった？」「わからなかったら、いつでも聞いて」と、柔らかなものの言い方をしていれば、職員は「聞いたら怒られる」「『わからない』と言えない」という気持ちにならずにすみます。「わからないから、聞いてみよう」と思うでしょうし、リーダー層の行動を見て「自分も同じように下の先生に言ってあげよう」と真似をするかもしれません。

　保育自体、大半の行動は頭でわかってできるものではなく、トレーニングを通じて失敗を重ねながら身につけていくものです。「質問できない」「教えてほしいと言えない」、そんな環境は人が育たない環境です。そして、上司や先輩に質問できない職員が勝手に判断して行動したら、子どもの命にも危険が及ぶでしょう。保護者とのコミュニケーションもこじれかねません。

　言うまでもありませんが、部下や後輩から「先生、ごめんなさい。もう一度、○○のところを説明していただけますか？」と質問してもらえること、同じ立場や上の人から「先生の言い方（ものの言い方、または説明のしかた）はちょっと〜だと思うなあ。こういうふうに言ってみたほうがいいかも」と指摘してもらえることは、成長のためのチャンスです。人間、なにも言ってもらえなくなったら終わり、アドバイスしてもらえなくなったら終わりです。これは20代でも50代でも関係ありません。

　なんでも言ってもらえる存在、伝えてもらえる存在に職員一人ひとりがなれば、組織全体のコミュニケーションは良くなります。そのための最初の一歩は、情報を伝えてもらったり、アドバイスをしてもらったりしたら、「教えてくれてありがとう！」「（危ないところ、間違っているところに）気づいてくれたんだ。ありがとう！」「また、お願いね」と、誰もが笑顔ではっきり口にすることです。開口一番、

「なに言ってるの」「くだらない」「大丈夫よ、そんな事故なんか起きないから」「後にして！」と返してしまったら、その職員は二度とあなたに情報を渡してくれないかもしれません。

情報の質、内容は後で精査すればよいこと。意見を言いたい、反論したい、アドバイスしたいのであれば、「ありがとう」の後、冷静に伝えればよいこと。あなたが笑顔と「ありがとう！」で最初に返せば、相手の心は閉じませんから、あなたの意見やアドバイスを聞きやすくなります。あなたが冷たい声で、または怖い声で初めから返したら、コミュニケーションは終わりです。人間関係も終わりかもしれません。

お互いに「気づいてよかった」「言ってよかった」「また気づこう」「また言おう」と思える人間環境を園内でつくっていく取り組みが初めの一歩です。それだけでなく、自分が成長し続けるためにも、他の職員のロール・モデルになるためにも、園長やリーダー、ちょっとでも「上」に立つ人たちが率先してコミュニケーション・スキルを身につけていくことが不可欠です。

「"私"の心と仕事のため」が、安全をつくり、保育の質を上げる

では、クラスの中や同僚の間でのコミュニケーションのポイントはどこでしょうか。

保育者は「手に職を持ったプロ」ですから、それぞれの考え方や信念があると思います。かといって、複数の子どもを対象にするわけですから、たとえ一人担任でも、たった一人では決してできない仕事です。保育者一人ですべての子どもの命を守ることもできません。良好なコミュニケーションは、「プロとしての自分の心と仕事を

守るため」であり、同じようにプロとして働く同僚や部下、上司の心と仕事を守る基本となります。もちろん、保育の質を施設全体で上げていく取り組みにもつながります。

　人間は心理学的にみても利己的な生き物ですから、「私の心と仕事を守ろう！」という動機はもっとも腑に落ちやすいものです。「子どもたちの命を守るために頑張ろう」と言うのは簡単ですが、残念ながらなかなか腑には落ちません。そもそも「子どもが園で亡くなる」とは誰も考えたくもありませんし、「深刻な事故は自分の園では起きない」と思う楽観バイアスは誰しもが持っています。結果的に、「子どもの命を守るため」は実感のないお題目になりがちです。

　動機は「私」でよい、と思ってください。「私の心と仕事を守るため、コミュニケーション・スキルを身につけよう」「私の心と仕事を守るため、子どもの安全や保護者に関係しそうな情報をどんどん流していこう」でよいのです。皆がそう思えば結果的に、コミュニケーションの質は上がり、危険や安全の情報も流れ、保護者との関係も良くなります。

　「自分のために」は、わがままや自分勝手とはまったく違います。「自分を守りたい」と思うなら、同じように「自分を守りたい」と思っている周囲の人たちと協働しなければならないからです。他人には情報を回さずにおいて、「私に情報を回して！」とは言えません。周囲に指摘されたことを無視しておいて、他人に「ああしなさい、こうしなさい」と言うこともできません。「自分のため」と真に思うなら、「他人のため」も考える、つまり「お互いさま」の行動が鍵になるのです。

　そうは言っても「お互いさま」の意識で声をかけあう、情報を流す、話し合う行動を実践するのは難しいものです。園長が急に、「今日から『お互いさま』で行動するよ！」と呼びかけたところで、今日ま

での人間関係や感情、次の項目で説明するようなさまざまな「壁」があり、そう簡単には変わりません。なによりもまず、行動（習慣）はとても変えにくいものなのです。「できたつもり」「しているつもり」になら、すぐになれますが…。

　では、どうしたらいいのでしょうか。「行動はそう簡単には変わらない」「園の中にはコミュニケーションの壁がたくさんある」、これを前提として園内ワーク（138ページ）にぜひ取り組んでください。これは行動変容の第一歩であると同時に、コミュニケーションのひとつの理想形でもあります。園内でこのワークに取り組めるのであれば、園の雰囲気は大きく変わっていくはずです。

保育施設の中にはたくさんの壁がある

　子どもの成長であっても、おとなのコミュニケーション・スキルであっても同じですが、「ここに課題があるね」と認識することが変化をスタートさせるきっかけになります。課題に気づかなかったり、課題を無視したりしていたら、変わること、変えることは絶対にできません。ですから、なにが園内のコミュニケーションの「壁」になっているのかを園全体、一人ひとりの職員が理解した上で、意識的に壁を乗り越えるための努力をしていくことも必要です。次に、そうした「壁」をいくつか挙げてみましょう。

(1) 年齢と経験

　この文化は、お互いの年齢をとても気にします。経験年数も気にします。「手に職を持ったプロ」の社会、実力社会であるべき保育界にとっては、困った文化です。実際、「若いくせに」「まだ○○年しか働いていないのに」という言葉が聞かれます。逆に、「先輩（年上）だから言えない」と口をつぐむ人もいます。こうした経験をした（言った、言われた、思った）ことがない方はいるでしょうか？

　経験は大事です。けれども、経験が必ずしもプラスに働くとは限りません。安全に関しては、たとえば経験を積み重ねることで、「これはあの時、危なかったから今度は対策をしておかなきゃ」と考える人もいます（ヒヤリハット・スキルや安全対策スキルの向上）。逆に、「あの時、危なかったけど、大丈夫だったから今度も大丈夫」（「偽りの安心感」の上昇）と思う人もいます。後者のタイプがリーダーであれば、周囲は「大丈夫なんだ」「『大丈夫』としか言ってくれないなら、もう報告しない」と思うようになるでしょう（集団レベルのヒヤリハット・スキル、安全対策スキルの低下）。

年齢や経験年数が力を持つこの文化の中では、新卒職員以外は全員が「上」、つまり誰かしらのリーダーです。新卒職員も2年めになり、新しい新卒職員が入ってきたら「上」です。そして、コミュニケーション行動の質が悪ければ、ほんの数年でその人は、誰にもなにも言ってもらえない「裸の王様」になってしまうのが現状です。

　この「年齢」「経験年数」の壁を意識的、積極的に壊していかない限り、園内コミュニケーションはうまくいかず、すべてに悪影響を及ぼしていきます。

(2) 立場、資格、子育て経験

　保育施設では、正規職員なのか非正規職員なのか、資格を持っているかいないかでも「上下」や「義務・責任」が変わり、さまざまな側面に影響を及ぼします。「私はパートタイムだから、責任は負えない」もあるでしょうし、「保育士の資格がないくせに」や「正規職員のくせに」といった見方も出てきます。若い正規職員と年上の非正規職員が組むと、年齢、立場、経験など複数の点で「上・下のねじれ」が生まれてしまい、お互いにものを言えなくなりがちです。

　また、正規職員が異動する一方で、非正規職員は同じ園にずっといるということも少なくありません。そうすると、資格の有無や年齢、経験年数とは別に、「園の保護者や子どものことを一番よく知っている」という経験の面で、その人の声が強く働いてしまう（他の人が発言できない）場合もあるのです。

　もうひとつ、人間関係をねじれさせる別の経験として「子育て経験」があります。卒業後数年の職員は、大多数が子育て経験のない人たちです。その人たちに向かって、子育て経験のある職員が「子どもを育てたこともないくせに」と言うケースがあるようです。言うまでもありませんけれども、子どもを持つか持たないかは個人の

選択であり、確率（運）の問題でもあります。まずもって、保育者の専門性が子育て経験の有無で左右されてしまっては困るのですが、施設長ですら、保護者や他の保育者から「先生は子どもがいないくせに」と言われることがあると聞きます。こういった言葉がコミュニケーションを難しくする原因になるのは当然でしょう。

(3) 職種の違い

　保育施設には看護師、調理師、栄養士、事務・用務職員などが働いています。職種が違えば使う用語も文化も異なり、価値観も違います。たとえば、調理関係の職員は毎日、短時間に大量の仕事を（たいていはそれほど広くない調理室で）同じメンバーと処理する環境にいます。小さなグループの場合、コミュニケーションが一度こじれると、とりかえしのつかないことになりがちです（小グループで仲良く「友だち気分」になってしまっても、言うべきことが言えず、危険です。これは調理室に限らず、クラスでもどこでも同じです）。調理室内のコミュニケーションが崩れれば、食物アレルギー対策などの根幹に影響が出ます。

　こうした「壁」の存在に見て見ぬ振りをすることはできますが、見て見ぬ振りをしていても壁は消えません。壁がまったく存在しない園は絶対にないのですから（断言できます）、「私たちの園では、どこにどんな壁があるだろう」と考え、話し合い、壁を明らかにし、少しずつでも壊していく必要があります。そういった話すらできないのであれば、「話をできない」という事実それ自体が壊さなければならない厚い壁です。そして、とても残念なことですけれども、私が見ている限り、こうした壁の存在や「話をできない」状況に一番気づいていないのは多くの場合、施設長です。

★今日からできる園内ワーク

　人間は、相手の声のトーンから感情を読み取ります。話す内容以上に話すトーンが重要なのはこのためです。特に、日本の文化の中で育つと相手の言葉の背景や「行間」を読もうとしがちで、その時々の声のトーン（怒っている？　喜んでいる？　悲しい？　など）は大きな判断材料となります。声に怒りやフラストレーションのようなネガティブな感情を感じると、人は「怒られる！」「怖い！」と感じ、その後の話の内容をしっかり受けとめることができなくなります。

　自分の声のトーンはどんな感じなのか、自分の声のトーンは人にどう受けとめられるのか、まずは体験してみましょう。

① 電話のワーク

　2人組になります。1人が電話の着信音を口で模してください。もう1人が着信音に応えて、「はい。〇〇園の〇〇です」と出ます。この時、「明るいトーン」と「暗いトーン」で電話に出るように意識してみてください。電話の着信音役の人は、電話に出た人の明るいトーンと暗いトーンの違いを意識してみてください。役割を交替して、繰り返してください。

　トーンの違いを意識すると、明るいトーンの時には、顔の頬骨筋（きょうこつきん）がしっかり上がって笑顔になっていることがわかります。違いがよくわからないのであれば、頬骨筋をしっかり上げた状態（＝真の笑顔 [4]）と、頬骨筋を思い切り下げた状態（＝能面）で電話に出て、

---

[4] 頬骨筋をしっかり上げると口角も上がって口が開き、さらに目のまわりの眼輪筋も動いて目尻にシワが寄ります（＝目が笑う）。これが、「真の笑顔（デュシェンヌ・スマイル）」です。笑顔と声のトーンに関しては、NPO法人保育の安全研究・教育センターのウェブサイト「トピックス」。

声のトーンの違いを意識してみましょう。

　声のトーン（明るさ）は、喉ではコントロールできません。声のトーンを明るくしようと思ったら、頬骨筋を上げるしかないのです。人間は笑う生き物ですから、頬骨筋を上げて「真の笑顔」になることは誰にでもできます。

② 名前を呼ぶワーク

　3～4人のグループをつくります。1人が「名前を呼ぶ人」、別の1人が「名前を呼ばれる人」、残りの人は「観察者」。役割は順に交替していきます。

　名前を呼ぶ人は呼ばれる人に向かって座り、その人の名前をいろいろなトーンで呼びます。名前を呼ばれる人は、呼ばれたらその都度、「今のは、かなりネガティブ（な感情が入っているように感じた）」「今のは、少しポジティブ（な感情だった）」など、感じたままを伝えてください。観察者もどう感じたかを伝えてください（同じトーンでも人によって解釈が違い、自分が名前を呼ばれるのか、他人が名前を呼ばれているのを聞くのかで解釈が異なるからです）。

　頬骨筋を上げて「真の笑顔」で呼びかければ、誰でも間違いなくポジティブな（明

るい）トーンになります。逆に、喉に力を入れたり、眉間にシワを寄せたりして呼びかければネガティブな（暗い）トーンになります。ただし、笑顔とは異なり、ネガティブな感情を声で表現する時の顔やからだの動かし方は人によって異なります。

　ここで大事なのは、自分の声のトーンを意識して実感すること。そして、中間のトーン、つまり「相手に『怖い』『怒られる』と感じさせず、だからといって『過度にポジティブ（わざとらしく明るい）』とも感じさせないトーン」で呼びかける時の自分の声のトーンを知り、それを再現できるようになっていくことです。

　誰かにまじめなアドバイスをしたい時、最初の呼びかけでネガティブさを発信してしまったら、相手は心のドアを閉めてしまいます。だからといって、これからまじめな話をしようという相手に、笑顔の明るい声で呼びかけるのも奇妙です。自分の中間のトーンはどんな感じなのか、体験して体得してください（このワークは、とても難しいですよ！）。

③ 楽しい話を聞くワーク

　3～4人のグループになります。1人が話をする役、1人が話を聞く役、他の人は観察役です。話題はなんでもかまいませんが、軽くて明るいテーマにしてください。たとえば、「先週1週間に食べたおいしかったもの」「先週見た楽しいテレビ」などです。1回の話は3分ぐらい。役割を交替して進めましょう。

　話をする人は、なんでも自由に話をします。話を聞く役になった人は、あいづちを打ちながら真剣に聞きます。そして、「ここは大事だ」と思ったところでしっかりとした「真の笑顔」でうなずきましょう。絶対に、話に割り込んではいけません。うなずくか、「そうなんだ」「へえ～」といったあいづちを打つだけです。

　この時に意識するのは、話を聞く人の表情がめりはりの効いた形で動いているかどうかです。ずっとヘラヘラ笑っていないか、笑顔があいまいではないか、観察役の人たちもしっかり見て、終わった

らアドバイスをしてください。なかには、人の話を聞く時にずっと笑みを浮かべている人もいます。あいづちや返答の声が笑っている人もいます。これは「ヘラヘラしている」という非常に悪い印象を相手に与えますから、やめましょう。「笑顔をしっかりとつくる」と「ヘラヘラ笑う」は、まったく違います。あいさつであれ、会話であれ、「真の笑顔」になった時、表情はしっかりとした笑顔ですが、声は笑いません。

④ 子どもや保護者に対する声がけをチェックしあう

　日々の保育の中で、それぞれの声がけのトーンをチェックしあいます。最初は１～２週間の期間を決めて、「立場や年齢、経験は関係なく、必ず言ってあげて！　私にも必ず言ってね」と園長やリーダーが主導します。これには、声がけのトーンを自分で意識できるようにすると同時に、年齢や立場の壁を越えて指摘やアドバイスをすることに慣れ、指摘やアドバイスをされることに慣れる目的もあります。この文化は、指摘することも指摘されることも非常に不得意で、なにか言われるとすぐに「嫌われた」「怒られた」と個人的にとってしまいがちです。指摘すること、されることに慣れましょう。

　「先生、今の声がけはやさしくて、歯切れが良かった！」と言う時はポジティブな（明る

い）トーンになると思います。「先生、今の〇〇ちゃんへの声がけ、ちょっと厳しかったと思う」と言う時は、ネガティブな（暗い）トーンにならないよう、ワーク②の「中間のトーン」を意識して。

　指摘された側も、「そんなこと、なかったわよ！」「あなただって、できないくせに！」と怒ってはね返したりは決してせず、「そうだった？　言ってくれてありがとう。今度はもうちょっとポジティブにしてみるから、また言ってね」と（内心はムッとしていても、声は明るいトーンで）感謝しましょう。とにかく、感謝して受けとめるトレーニングです。

　「あ、今のは怖かったかな」「『先生、怒ってる〜』って子どもに言われちゃった、やっぱり！」、日々のそんな気づきが少しずつ、行動変容に結びついていきます。「すぐに完璧になる！」を目指し、ちょっとでもできないと「私はダメだ」と諦めてしまうのは、この文化の中で育った人に多くみられる悪い癖でもあります。「急がず、少しずつ。ちょっとでもできたら自分をほめてあげる。他人もたくさんほめる。そうすると、自分もほめてもらえて嬉しい」…、これがコツです。

　園長やリーダーだけでなく、立場や年齢が他の誰かより少しでも「上」の方は、常に自分に言い聞かせてください。「言ってもらえてありがたい。言われなくなったら、私は『裸の王様』だから」と。中間のトーンで指摘することに慣れ、指摘されることに慣れ、指摘に「ありがとう」とまずは答えられるようになることは、「自分自身の成長のため」の第一歩です。

「わかった？」のひと言が生み出す厚い壁

　保育現場には、「壁」をつくってしまうコミュニケーションも存在します。そのひとつが「わかった？」という言葉です。

　誰かになにかを教えたり指示したりした後、「ね、わかった？」と聞いたり、「わかったでしょ」と言ったりしていませんか。「え、言うかなあ…」、自分が言っているかいないかに気づくことが最初の一歩です。おそらく誰もが言っているはずですが、無意識に出る言葉なのでそうそう気づいてはいないでしょう。

　「わかった？」、あなたより立場が上の人から、あなた自身がそう尋ねられたらなんと答えますか？「はい…」「わかりました」ですよね。たとえ、「この人の説明、よくわからないなあ」と思っても、そう答えるはずです。なぜなら、この文化の中で育つと、そう簡単には「わかりませんでした」「もうちょっと説明していただけませんか」とは言えないからです。

　…ということは？ あなたが誰かに対して「わかった？」と聞いた瞬間、コミュニケーションが終わっている可能性もあるのです。「わかった？」「わかりました（わからなかったけど、そう言っとかなきゃ…）」「そう、じゃあ、そういうふうにしてね」「はい（よくわかんないけど、まあ、いいや）」。

　でも、相手はわかっていないのですから、同じ失敗、同じ間違いが必ずまた起こり、「ちょっと！ この前、教えたじゃない。わからなかったの！」となります。こうなると、相手は「怒られている」としか感じず、あなたが話している内容など聞いてはいません。相手には「わからない」「怒られている」という気持ちが育ち、あなたには「なんでわからないの」「こんなに言ってあげているのに」という気持ちが育ち…。感情のしこりだけがお互いに大きくなり、コミュ

ニケーションをいっそう難しくします。

「わからない」と言ってもらう大切さ

　2003年の渡米後、「質問して当然」「質問されて当然」の米国文化に慣れるまで、しばらく時間がかかりました。私がつたない英語で教えていたクラスでも、学部生は容赦なく質問をしてきました（米国では、学部の授業や実験を教えることが大学院生の要件です）。

　「この人たちは、とにかくなにか言わないと気がすまないんだ」と思ったぐらい、どこでも質問が飛びかいます。「私の話、聞いてなかったの？ それ、ちゃんと説明したと思うけど…」、そう思うことも度々ありましたが、なにしろ私程度の英語ですから、「言い方（発音、言葉の選び方など）が悪かったんだろうな」と思い、「聞いてくれてありがとう（Thank you for asking）」と言う癖がつきました（米国文化では、日本式に「すみません」「ごめんなさい」〔I'm sorry〕を連発していると、「なんでそんなに謝るの？」「謝らなくていいよ」と言われます）。

　ひるがえって日本は、質問があっても口にしない文化です。その文化の中、「わかった？」と聞くことで損をするのは誰でしょうか？ もちろん、「わからない」と言えず質問できない側も損をします。でも、まず損をするのは「わかった？」「わかったでしょ」と言った側です。なぜかというと、「わかった？」と言うことで自分自身が育つきっかけを失うからです。その上、「この人は怖い」「聞きたいけど聞けない」というイメージを相手に与えてしまい、それ以上のコミュニケーションを難しくします。

　「わからない」と言ってもらう。これは自分の伝え方のまずさ、へたさに気づく唯一のきっかけです。「ここがわかりにくかった」「こ

こはちょっと違うかなと思った」と言ってもらう。それは、自分の考えや伝え方を修正するきっかけです。「わかった？」と言った瞬間に、どちらのきっかけも失われます。それどころか、表向き「わかりました」と言われてしまったら、「私の伝え方、教え方はこれでいい」「私は伝えるのがうまい」とさえ思って（かん違いして）しまうでしょう。

　コミュニケーションは一方通行ではなく、あくまでも双方向の行動です。特に、受け取り手に解釈の自由がある行動です。確かに、受け取る側の「理解力」が低い場合もあるでしょう。でも、「あなたの理解力は…」「なんでわからないの！」と文句を言っても始まりません。教える側、伝える側にできることはただひとつ、「自分の伝え方を『より伝わるもの』にしていく努力」です。相手のせいにする前に「この人には、どう伝えれば、このことが伝わるだろう」と考えて変えていくことができれば、伝えるスキルは育つはずです。

「わからないこと」がわからない！

　そうは言っても、「どうして、そんなことがわからない？」「なんでこんなことができないの？」といらだつ時はあります。そもそも「学び」とはなんなのか、なぜいらだつのかを考えてみましょう。

　「学ぶ」とは、本の内容を暗記することではありません。誰かの行動を真似することでもありません。日々の行動の中でものの見方や知識、技術を「自分のもの」にして、その時々に応用できるスキルにしていく、これが心理学や脳科学の知見の上に立った「学び」です。子どもたちも、毎日そうやっていろいろな知識、技術、スキルを学び、習得していきます。

　そして、保育はまさに「スキルの塊」です。知識として頭で「わ

かった」だけではできないことだらけ[5]。毎日、子どもたちを相手に、職員や保護者を相手にその都度行動し、身につけていく、とても高度なスキルの集積です。一朝一夕には身につきません。コミュニケーション・スキルの習得が容易ではないのと同じように。

　人間は、失敗や間違いの経験をもとに少しずつ認知や行動を修正し、スキルを上げていきます。ここに、実験からも明らかになっている「学び」のひとつの特徴があります。それは、「あるレベルに到達した人は、それより未熟な段階にいる人の『わからない』を理解しにくい」という点です。簡単に言うと、自転車に乗れるようになった人には、自転車に乗れない人がなぜ乗れないのか、わからない。自分がなぜ乗れなかったのかさえ忘れてしまう。それと同じように、「わかっている人」「できる人」には、わからない人の「わからない理由」、できない人の「できない理由」がわかりにくいのです[6]。これでは、「なぜ、できないの！」「どうして、わからない！」といらだつのも当然です。

　それでも1990年代ぐらいまでは、「若い人や新卒職員の『わからないこと』がわからない」はさほど問題にならなかったはずです。どんな職場にも毎年のように新しい職員が入っていたため、「わからない感覚」がまだ残っている人たち（1〜2年上の先輩）が、新しく入った「わからない」人たちを教えていたからです。

　保育施設も含め、今の職場はまったく違います。新卒職員は数年ぶりという職場、逆に、施設長の他は新卒数年目の職員のみという職場…。ここ数年、保育に対する需要が高まり、急に新卒職員を採用し始めたものの、その上の職員層とは5年も10年も離れているという園もたくさんあります。

　「すでにわかっている人」「できる人」、年齢的にも経験的にも「大先輩」しかいない職場に、新卒職員が入ったら？　もちろんベテラン

保育者の中にも、「経験が短い人、経験がない人の『わからない』がわかる人」はいますから、そういう人と組めば問題はないでしょう。でも、「わからないことがわからない」先輩と組んだ新卒職員は、「なぜ、できない？」「なぜ、わからないの？」という先輩たちのいらだちにさらされます。このままでは、新卒職員がたどる道筋は想像にかたくありません。一方、経験のある職員も「いまどきの若い人は…」といらだちを強めるばかりで、自分自身の「伝え方」「教え方」を振り返る機会を失うでしょう。

[5] パソコン・ソフトの使い方がわからなければ、誰かに聞いてメモしておきます。またわからなくなったら、メモを見れば「わかる」、そして、わかるようにメモが書いてありさえすれば、メモを見れば「できる」。保育は、こうした作業とはまったく違うタイプの仕事であり、知識と技術の上に無数の「スキルの引き出し」を積み上げていく職人の世界です。私のまわりにはそのようなエキスパートがたくさんいます。「プロの職人」としての保育者の価値が社会的に認められていないこと、保育者からも「プロの職人」としての意識が薄れていきつつあることは、子どもの育ちと安全の両面から見て危機的に思われます。

[6] たとえば、ある手順を初めて学ぶ時、同じ手順を学び始めたばかりの初心者から学ぶのとエキスパートから学ぶのとでは、初心者から学ぶほうがその手順の理解が良い、という実験結果があります。ただし同じ論文によると、エキスパートから学ぶと、（その手順自体の理解は良くなくても）似たような手順に応用が利くという結果も得られています。初心者とエキスパートとでは教える枠組みそのものが違い、どちらから学ぶこともそれぞれに意味がある、ということです。Hinds, P.J., Patterson, M., & Pfeffer. (2001). Bothered by Abstraction: The Effect of Expertise on Knowledge Transfer and Subsequent Novice Performance. Journal of Applied Psychology, 86, 1232-1243.

　もうひとつの実験では、ある作業を終えるために初心者が要する時間を、その作業の上級者、中級者、初心者に予測させました。すると上級者は、中級者よりも初心者よりも予測が大きくはずれ、自分自身が持っている「上級者だから作業時間を低く見積もってしまうバイアス」について理解してもなお、予測ができないという結果が得られました。「『できない』が、わからない」上級者の呪縛なのでしょう（論文のタイトルにある curse の意味は、「呪縛」です）。Hinds, P.J. (1999). The Curse of Expertise: The Effects of Expertise and Debiasing Methods on Predictions of Novice Performance. Journal of Experimental Psychology: Applied, 5, 205-221.

★「盗んで覚える」は、意識できない人の言い訳？

　日本語には「盗んで覚える」「背中を見て学ぶ」といった表現があります。「わからなかったら聞くのが当然」の米国文化に、「盗んで覚える／学ぶ」はありません。米国では、講義からセミナー、研修まで、すべてが学生や出席者によって評価され、評価が低ければ講師は改善を求められます。日本のように、「とりあえず『良かった』に○を付けておこう」という文化ではありませんから、大学の授業であっても評価はとても辛口です。米国では学ぶ側の責任だけでなく、教える側の責任も大きいのですけれども、その中にいて私は、これが「学ぶ」「教える」のあるべき姿だと感じました。

　その視点から見ると、「盗んで学ぶのがあたりまえ」「見て覚えなさい」は、自分自身がどうやって学んできたかを意識化できない人、自分のコミュニケーション・スキルを向上させようという気持ちがない人の言い訳のようにも聞こえます。

　これは保育に限りませんが、行動を意識的に学び、自分のやり方でスキル化してきた人なら、できない人を見た時に「ここにひっかかっているのだな」「これがわからないのかも」と感じることができるでしょう。そして、言葉ではうまく伝えられなくても、行動で模範を見せられるはずです。

　けれども、「なんとなく場当たり的に」仕事をしてきただけの人は、自分自身の行動も意識できず、他人の行動も意識的に観察できず、「それは、こうしたほうがいいかも」と伝えることもできないでしょう。模範をみせることもできない、説明もできない、それなら確かに「盗んで学んで」と言いたくなるのかもしれませんね。

「わからなくて当然」を前提にして

　では、どうしたらいいのでしょうか。「『できる』『わかる』人も、昔はできなかったしわからなかったのだから、わからない人の気持ちになって、やさしく…」、そんな人情論は言いません。その代わり、こう考えてください。

　「わからないところがわからなければ私も伝えられないし、私自身の伝え方もうまくならない。それじゃ、保育も良くならないし、人間関係も悪くなるだけ。それはリーダー（先輩）として困る」。自分自身のためにそう考えて、「なんで、わからないの！」と言いそうになったら「あ！」と気づいて、深呼吸を数回しましょう。はっきり、「ここで怒ったらダメだ」と意識するのです。

　そして、「これはね…」と説明をする。決して「わかった？」は言わず、「私の説明、わからないところがあったんじゃないかな。どこがわからなかったか、教えて」「後で、『これはやっぱりわからないな』と思ったら聞いてね。時間がある時に教えるから」と伝えましょう。こういったひと言があるだけで相手は、「ああ、この先生には『わからない』と言っていいのかも」と思えるようになります。

　人間は、お互いに「わからない」のが当然です。「教えられてもすぐにわからなくて当然、できなくて当然」「私の説明も、1回で通じなくてあたりまえ」。これを前提に行動すれば、「今の説明、どこが難しかった？」「…え〜と、○○のところがちょっと…」「そうか、じゃあ、もう1回やってみるね」…（模範を見せる）…「どう？　ちょっとやってみて」…（若い保育士が試してみる）…「そうそう、そうするの。できてるね！（＝ほめる）あ、そこは難しいよね。私がもう少し詳しく言えばよかったね」…といった会話が成り立つようになります。

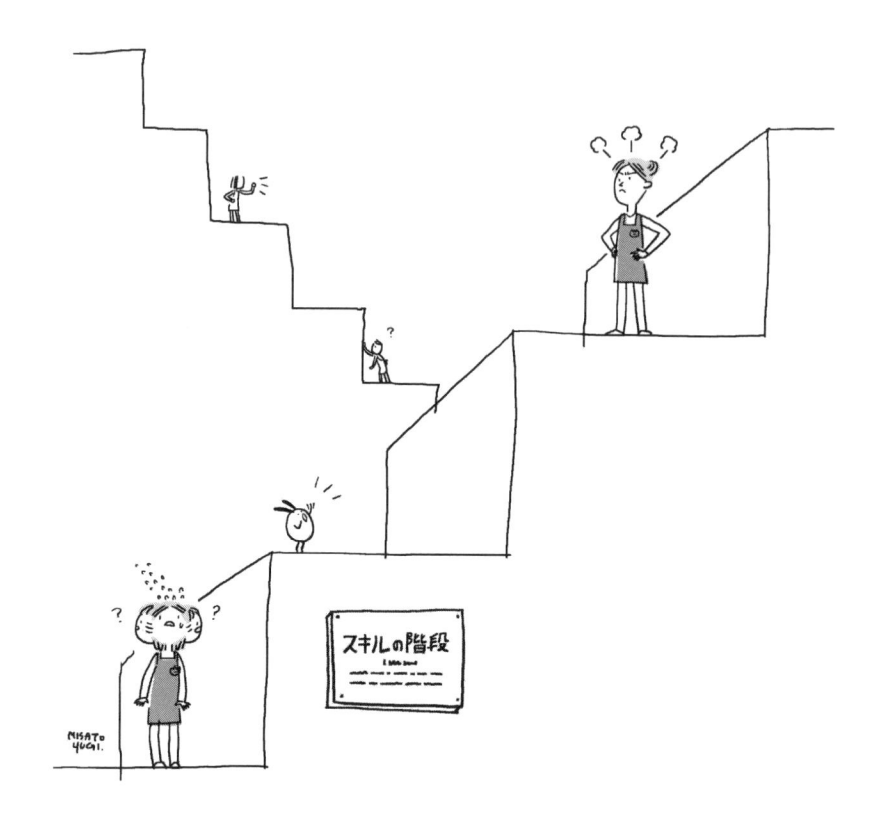

もし、「ここがわかりません」「もう一度、これを教えてください」と言ってもらえたら、「ありがとう！」です。つまり、「教えてくれてありがとう」「言ってくれてありがとう」をもっと積極的にして、「わからなくてあたりまえ。わからないことをどんどん聞きあおう」という雰囲気をつくっていくだけのことです。
　とはいえ、「私の伝え方、へただから」「説明が足りなかったね」といった、少し卑下するような言葉が似合わない方もいます。そういう方は、アドバイスをしたら「わかった？」とは言わず、「じゃあ、

ちょっとやってみて」と柔らかく言った後、まず、どこかを少しでもほめてください。「そう、そういうふうにするんだよ。できてるね」、明るいトーンでこう言えば、相手は「あ、ほめてくれた！」と心をこちらに向け、「もっと聞こう」という気持ちになります（ネガティブな声がけをしたら、相手が心を閉じてしまう現象の逆です）。2つ3つほめてから、「でね、ここはこうしたほうがもっといいよ」と、今、ほめた部分をもっと改善するアドバイスをする、または、できていないところを変える方法を伝えるのです。

アドバイスされる側のコミュニケーション・スキル

　アドバイスを受ける側にとって鍵となるコミュニケーション・スキルは…？　基本はこれに尽きます。「〜のほうがいいよ」「こうしてみたら？」とアドバイス（注意、指摘）されたら、とにかく第一声では「そうですね」「はい、やってみます」と柔らかく受けとめ、「ありがとうございます」と言うこと。

　「でも」「だけど」「そんなつもりじゃありません」「そう言われても」、あるいは、アドバイスし始めたとたんに「違います。そうじゃなくて…」とさえぎるように話し出す…、こういった言葉はアドバイスしようという気持ちを失わせます。この時、立場の上下は無関係。「なにを言っても反論される」「言い訳ばかり」と感じたら、誰でも言う気を失います。「教えてもらえて嬉しい」の真逆が、こうした言葉なのです。

　もちろん、アドバイスが間違っていることもあるでしょうし、反論したい部分もあるでしょう。けれども、それはまず相手の言い分を受けとめてから。受けとめながら相手を観察し、感情的になって

★否定語をやめる

　子どもにもおとなにも、「否定語」で話しかけるのをやめてみましょう。「ダメじゃない」「違う」「やめて」「なに、それ」…。すべて否定語ですね。言われた側は、「怒られた」とビクッとしてしまいます。もちろん、保育者が明らかに危険な行動をしている時は「やめて！」も必要ですが、そうではないなら、第一声は「あ、○○さん」「○○先生」とニュートラルなトーンで。次に、「〜してみたら？」「このほうがいいよ」と、否定ではなくアドバイス。その後に、「なぜかというとね…」と理由を説明します。

　保育者に限りませんが、下の人に向かって「ダメ」「違う」しか言わない人もいます。それはアドバイスでも指導でもありません。知らないから、わからないから、できないから、失敗したり、間違ったりするのです。「ダメ」「違う」だけでは、誰も変わることはできません。しっかりアドバイスをしてください。

　アドバイスをする時、押しつけがましく聞こえないコツは、「私だったら〜すると思う」「私だったら〜と言うと思う」と「私だったら」をつけること。そして、「○○先生はどう思う？」と言うだけで、相手は選択権を得た気持ちになり、「やってみようかな」と思います。同じアドバイスでも、「押しつけられたと感じる時」と「自分で選んだと感じられる時」とを比べると、明らかに後者のほうが人間は積極的に取り組むのです。

いるなと思ったら、その場では反論をしないほうが得策です。理の通っている反論でも、ネガティブ（＝「口ごたえ」）に受け取られる可能性があるからです。

「わかった？」同様、「でも」「だって」も口癖になっていて、意識することも変えることも難しい場合が少なくありません。でも、自分の感情や発している言葉をおとな同士が意識して効果的に変えていけなかったら、もっとも大切な「保育」もうまくはいかないでしょう。なぜなら、乳児を含め、子どもはおとなの感情や態度を、おとな以上に言葉のトーンや表情から読み取っていくのですから。

「違う見方や意見」を学びたい、ところが実際には…

では、もう一歩進んで、自分とは違う立場の人から学ぶ、違う意見から学ぶためのスキルに行きましょう。

保育の現場ではよく、「保育観の違い」という言葉を聞きます。たいていは「あの先生とは保育観が違うから、（私は）合わない」といった文脈で使われています。この言葉を聞く度に私は、「違うって、そんなにいけないことなのかな」「違うからわかりあえない、違うから合わない、で、終わりにしてしまったらもったいないのに」と思ってきました。

私たちはなぜ、人の話を聞き、自分の話をし、ああでもない、こうでもない、とコミュニケーションをするのでしょう？…なぜだと思いますか？　たとえば、行事の内容について園で話し合っている時、今月の活動についてクラスで話し合っている時、あるいはヒヤリハットや事故の検討を園の中や園外研修でしている時。

「新鮮な意見が出てこないかな」「新しい発見があったらいいな」…、

そんな気持ちではありませんか？「去年と同じようにすればいいでしょ」と思っているなら、そもそもコミュニケーションは必要なし。会議なんてせずに、上から下に命令すればすむこと。「みんな同じ」なら、これもまた会議は不要。わざわざコミュニケーションをする理由は、自分とは違う見方、考え方に接したいから。そして、より良いものをつくり出したいから。人間には、「知らないことを学びたい」「新しいことをつくりたい」「前に進みたい」、そんな動機がもともと備わっているのです。

「新しいこと、知らないことを知りたい」、心からそう思っていたとしても、実際のコミュニケーションは容易ではありません。なぜかというと、「知りたい」「学びたい」、あるいは「変わりたい」とさえ思う一方で、人間には、「現状を変えたくない」「自分が正しい」と思う感情と、この感情に基づいた認知バイアス（ものの見方の歪み）が必ずあるからです。自分とは違う意見や新しい考え方を聞くと、「おもしろい」と思う気持ちと一緒に、そしてその気持ち以上に、「私のほうが正しいはずだ」という反発が出てきやすいのです。

行事について新卒の保育者がとつとつと意見を言っている時、（ああ、そういう考え方もあるね）（それ、おもしろいかも）と心の中で思いながら、口ではつい「そんなこと無理」「いい意見だけど、ちょっとね…」と言っていませんか？年齢・階層による上下のピラミッドが根強いこの文化の中では、自分より年齢や立場が下の人の言葉に素直に耳を傾けること自体、難しい。「上にいる自分」がつい出てきて「無理よ」「ダメ」と言ってしまったら、もう後戻りはできません。（その考え、おもしろいかも）と思っていた数秒前の気持ちはかき消え、「私が正しい」「あなたは間違っている」という「結論ありき」の論理が口から流れ出していきます。それはもうコミュニケーションではなくて、勝ち負けを決めるための闘いです。

保護者の話や意見を聞く時も、基本は同じです。「保護者を納得させなければ」「園を守らなければ」という狭いゴールや、「なにか言ってくる親はクレーマー」という結論（決めつけ）を心の中に強く持ったままでは、相手の言葉を「そのまま」受けとめ、相手の気持ちを「そのまま」受け取ることはできません。自分のゴールや結論、決めつけを心の中に強く持った状態では、真のコミュニケーションはできないのです。新しい見方、知らない知識を学ぶこともちろんできません。

　では、どうすれば？　まず、他人、特に「自分より年齢や立場が下の人」や「自分とは明らかに立場や見方が違う人」の意見を聞く時は、「そうだね…」「うんうん」「確かに…」「ああ、そうか」「それで、それで？」といった、中立または前向きなあいづちだけを使う習慣をつけてください。「でもさあ」「だけど」「なに、それ」「え〜っ？」といった否定的なあいづちは全部、お蔵に一度入れてしまいましょう。ましてや、「あなたとは保育観が違うから」などと言ってはいけません。

　そうは言っても、つい出てしまう否定的なあいづちを変えるのは、難しいものです。まずはご自身が会話の時にどんなあいづちを打っているか、意識して気づいてみてください[7]。

「保育園看護師」という異文化

　「違い」の視点から、保育施設の中でおそらく一番の「異文化」「異業種」である看護師を取りあげてみましょう。大学院に行くまでの10年以上、健康診断団体で働いていた私にとって、看護師はとても身近な存在。そして今、私のネットワークの中には、「保育園看護師」がたくさんいます。

保育園看護師の大部分は、医療現場の出身。「保育園の前は何科で働いていたのですか?」と尋ねると、救急、手術室、集中治療室、産科から整形外科、精神科など、あらゆる科が挙がります。同時に、多くの方が「人(子どももおとなも)の死をみてきた」とおっしゃいます。

　看護師という仕事の視点は、安全に関する私の見方との共通点が少なくありません。「この状況(環境)だと、万が一の時に子どもが死んでしまうかも」と考え、最悪の結果を予測して、深刻な結果を予防しようとする。そして、「死」は決して遠いできごとではない。保育園や幼稚園の安全に関わる基礎の部分を、保育園看護師は(個人差はあるにしても)理解している存在だと言えるのではないでしょうか。

　では、その存在が園の中で活かされているかというと…。残念ながら、コミュニケーションの壁は厚く、高いようです。

　保育園看護師は１施設に１人、完全な「一人職場」です。公立園が多くある自治体ならば「同期」もいて、看護師同士のつながりも強い可能性がありますが、１法人１園の施設ではまったくの一人となります。公立でも私立でも、園の中では明らかな「多勢に無勢」です。

　もうひとつ、私が聞く限り、保育園看護師の仕事や役割の線引きは決して明確ではなく、施設長の采配(恣意)に任されているケースが多いようです。極端な場合、ゼロ歳児担当のかたわら保健関連

---

[7] 意識して行動や言動を変えることについては、NPO法人保育の安全研究・教育センターのウェブサイト「トピックス」。

の仕事をしたり、足りない人手の穴埋めに使われたりする場合もあるようです。にもかかわらず、ケガが起これば、軽重の判断、応急手当てだけではなく、事故報告書の作成、保護者への事故の説明と謝罪まで任されるケースも見受けられます（事故と無関係な看護師に説明と謝罪を任せることが、保護者コミュニケーションの方法として誤りであるのは言うまでもありません）。

　この「一人職場における、責任と義務と権利の線引きのあいまいさ」が一番つらいという声は、看護師の皆さんからよく聞くところです。責任と義務と権利の線引きがきわめて明確で、相手が医師であろうと誰であろうと必要ならば進言する医療現場、同じ看護師仲間がたくさんいる職場から、突然、業務内容も命令系統もかなりあいまいな場所へ飛び込んだら…？　その場所にいる人たちはすべて、これまで一緒に働いた経験のない異業種の人たちだったら…？　そして、保育と看護（医療）の世界では、言葉やものの言い方が大きく違うことは、皆さん、ご存じの通りです。

　さらに、医療の専門職であるにもかかわらず、医療とは関係の薄い一人職場であるがゆえに、職場でその「価値」を理解してもらいにくい。養護と教育と健康、安全をつなぐ架け橋になれる存在であるにもかかわらず、そうした仕事ができない（させてもらえない）。看護師は看護師で、園の中でどうふるまうべきか戸惑い、保育者は保育者で看護師をどう活用したらいいのかわからない、それが大半の現状のようです。

　「保育園看護師は弱者なのだから、保育者側がしっかりコミュニケーションをしなければ」などとは言いません。リスク・コミュニケーションに限らずコミュニケーションはすべて、異なる立場にいる人がお互いに共感しながら進めていくものです。看護師側にもコミュニケーションの責任はあり、実際、私のまわりにいる方たちは

さまざまなコミュニケーション戦略と独自の専門性を通じて、安全や健康の課題を保育の中にしっかり持ち込んでいこうとしています。反対に、看護師の専門性を笠に着て、保育者を馬鹿にする看護師がいないわけでもありません。

　そうは言っても、今、「深刻な事故から子どもの命を守る」という点で、保育者と保育園看護師の間のコミュニケーションが十全ではないのは残念ながら事実です。

自分とは違う見方や違う意見を「違っていて、おもしろい」と受けとめる

　看護師は、「危険の側」「最悪の側」からものを見る専門家です。私も事故／傷害予防の専門家としてその視点を共有しています。一方、保育者は、「いきいきの側」「チャレンジする側」「育つ側」からものを見る専門家です。この２つの見方は天秤の両端、水と油の関係のように感じられるかもしれません。「事故ばかりそんなに心配していたら、保育なんてできません」と保育士さんから言われることは、かつて私もよくありました。

　ここでご理解いただきたいのは、「危険の側」と「チャレンジの側」のどちらが正しいかを決めることがコミュニケーションの目的ではない、という点です。「危険の側」と「チャレンジの側」がお互いの意見に同意したり、妥協点を探したりする必要すらありません。コミュニケーションは勝ち負けではないのですから。

　では、なにが重要なのか。もっとも重要なのは、コミュニケーションがそれぞれの立場に、次のような発見をもたらすことです。

・「ふーん。そういう見方もあるんだ」

- 「自分の見方がすべてではないんだな」
- 「この人の言っている話にも一理あるなあ。ここの部分はまったく同意できないけど」
- 「自分が正しいとだけ思っていたら失敗するかもしれないから、この『違う見方』も頭の隅に入れておこう」

こういった発見はやがて…、
「『見方が違う』って、おもしろいなあ。どうして、この人はそういう見方をするんだろう。あれ、ちょっと待てよ。どうして、私自身はこういう見方をしているんだろう」という「なぜ？」につながっていくかもしれません。そして、より深いコミュニケーションにつながるなら、どちらの側も自分自身の価値観や考え方について、さらに相手の価値観や考え方について、もっと学べるはずです。相手が看護師であれ、保育者であれ、保護者であれ、他の誰であれ[8]。

マスメディアでもインターネット上でも、今、さまざまな論争が起きています。よく見ると、そういった論争のほとんどは「相手を打ち負かすための議論」だと気づきませんか？ 闘いや対立のための議論をいくら繰り返しても、相手の考えを学ぶどころか、自分の考えにしっかり気づくこともできないのです。

---

[8] たとえば、企業と市民団体の間のリスク・コミュニケーションが、相互の対立ではなく、前向きな協働に向かっていく例は、特に欧米の環境問題の分野で起きています。環境保護は単に「自然を守る」だけでなく、企業にとっても「資源を守る」というプラスの結果につながるからです。保育も同じ。保育施設、保育者、保護者が目指しているゴールは本来同じなのですから、「立場が違う」という事実を意識した上でコミュニケーションをすれば、必ず、プラスの方向に向かっていきます（環境問題における協働の事例は、『人と組織の心理から読み解くリスク・コミュニケーション：対話で進めるリスクマネジメント』の96ページ等をご覧ください）。

war
闘いや対立
NO!

communication
対話と理解
Why?

コミュニケーションとは、違う意見を聞き、自分の意見を話し、「なぜ」を尋ね、その中で自分を知り、相手を知り、意見が違うからこそ生まれてくる新しいものを活かしていく過程です。皆が同じ見方で、同じ意見しか言わない世界は…、想像もしたくありませんね。でも、園内のコミュニケーションが失敗していった結果、「違う意見を誰も言わない場（言えない場）」になる可能性は十分にあります。

大切な専門職「保育園看護師」を活かす

　保育園看護師という異文化、異業種の存在は、個々の保育施設だけでなく保育界全体がもっと活かしていくべきだと私は考えています。まず、保育施設で子どもの命が失われるリスクをゼロにすることはできないのですから、看護師が持っている「危険の側」「最悪の側」の視点は非常に重要です。

　特に、看護師は医療現場同様、保育現場で「命を守る責任」を感じながら仕事をしているのですから、その意見を軽んじるべきではありません。看護師さえものを言えない、言う気にならない施設になってしまったら、「危険だから対策をしよう」とは誰も言えません。子どもの命は守れないのです。看護師が「それ、危ないと思う」「こんな事例もあったよ」と言った時に、「大丈夫よ」「それじゃ保育ができないでしょ」「心配性なんだから」といった言葉を頭ごなしに言うのはやめましょう。そう言われれば、誰でも言う気、やる気をなくします。特に、看護師は「多勢に無勢」の中にいるのですから、「言う気、やる気」をなくすのは簡単です。「命を守る専門家」としての看護師の視点は、園全体で大切にしてください。

　そして、子どもの育ちと集団保育の利益に必ずついてまわるリスクを保護者に伝える存在、リスク・コミュニケーションの担い手と

しても、看護師は貴重です。保育園看護師は、保育者とは異なる立場で一種の客観性を保って、保護者にリスクを伝える役割を果たせるからです（看護師もコミュニケーションのプロではありませんから、文章の書き方や伝え方の巧拙は別の話です。看護師の中には、園だよりなどで難しい医療の言葉をつい使ってしまう方もいます）。

　ただし先ほど少しふれましたが、事故が起きた際、看護師に保護者対応を任せるのは、クライシス・コミュニケーションとして誤りです。事故、特に深刻な事故（命の深刻さ、社会的責任の深刻さ、保護者コミュニケーションの深刻さのいずれであっても）が起きた時には、園の管理者が前に出て、関わった職員と共に説明と謝罪をするのが原則です。「責任者が出てこない」「肝心な職員が謝らない」、ただそれだけでコミュニケーションがこじれる可能性は十分にあるからです。もちろん医療的な説明を看護師がすることには意味がありますけれども、看護師は医師ではありませんから診断的な話は一切できませんし、言ってはいけません。

　保育園看護師の立場は、保育者から見ればとても違うものでしょう。逆もまたしかり、です。でも、違う立場だからこそ、しっかりしたコミュニケーションをお互いに積み重ねることで、新しい発見、より良いものが生まれてくるのです。ぜひ、「違う立場」を意識したコミュニケーションを進めてください。

考える、言葉にする、思いをやりとりする
〜さまざまな壁を乗り越える、大きなワーク

　ここまでお読みくださって、ありがとうございます。子どもの命を守り、職員の心と仕事を守り、目指す保育をつくっていくためには、さまざまな壁を意識し、壁を乗り越える具体的な行動をしなけ

ればならない、とおわかりいただけたと思います。

　ハザードやリスクについては、なかなか口に出しにくいものです。けれども、（繰り返しになりますが）言いにくいことを言いにくい園では、言いやすいはずのことも言いにくくなっていきます。行事や保育についてすら、話しにくくなっていくでしょう。反対に、言いにくいことがどんどん言いやすくなっていけば、話しやすいことはもっと話しやすくなっていきます。

　コミュニケーションに苦手意識を持たないで、一人ひとりが、園全体が、具体的に行動を変えていきましょう。私が長く関わっている園では、そうしていくうちに職員の皆さんが、園長が、保育が、安全が、変わっていっています。「やってみようかな」、そう思って実際に取り組んでみれば、本当に少しずつではあっても変化が生まれます。取り組まなければ、なにも変わりません。人間には、何歳になっても可塑性があります。ただ、おとなの可塑性は本人が「やってみよう」「変えよう」と思わない限り、発揮されません。「変わりたいな」では変わらないのです。

　では、園内コミュニケーションの最後は大きな、でも毎日の保育にすぐに響いてくるワークです。

「みんなで話す」ワーク

　今、保育やその関連の仕事に携わっていて、現状に危機感を持っていない人はおそらくいないでしょう。現状の「どこ」に「どんな」危機感を持っているかは別として。そして、危機感の中に「今のままでは、子どもたちが…」「保育現場が…」といった気持ちが含まれていない人もいないと思います。

　危機感は課題解決の動機づけになりますが、危機感だけで課題は

解けません。課題を分解して分析し、同時に課題を包括的に眺め、長期的なゴールを見据えて、そのゴールに向けた短期的なゴールをいくつも設定し、短期的なゴールをクリアしながら一歩ずつ前進していくのが正攻法です。「なんとかしなきゃ」と慌てているだけでは課題は解決しませんし、「こうするべきだ！」と前後左右も見ず、がむしゃらに進んでも解決しないのです。

　ここまで取りあげてきたさまざまなコミュニケーションの課題やスキルに加えて、もうひとつ、この文化で育った人に欠けているのがこの「課題解決のための考え方、話し方」です。上意下達のシステムが強い、あるいは集団の中でなんとなくものごとが決まっていく空気が蔓延してきたためでしょうか。課題はわかっていても、話し合いはうやむやになりがちで、「なんとなく」誰かの手にゆだねられてしまう場合が少なくありません（それが必ずしも悪いとは言いません）。

　そこでここでは、「今のままでは、子どもが…」「保育が…」という気持ちを皆さんが言葉にして会話をし、将来を考えていくこと自体をワークにします。とても大きなテーマです。話題をひとつ取りあげるだけでも、長い話し合いになるかもしれません。これは、「私」や「私たち」、そして「子どもたち」を動機づけとして、「課題解決のための考え方、話し方」を身につけるワークです。

　基本は、話したいことを話しやすい園環境にしていく、その方法に慣れていくトレーニングです。話をしながら落ち込むことも、嬉しくなることもたくさんあると思います。日々の会議などにも活きてくるはずです。ぜひ、ワークとして取り組んでみてください。

　テーマは大きくくくってしまうと「保育の現状と将来」ですが、「私たちの園の現状。現状を踏まえ、私たちの園を近い将来に向けてど

図

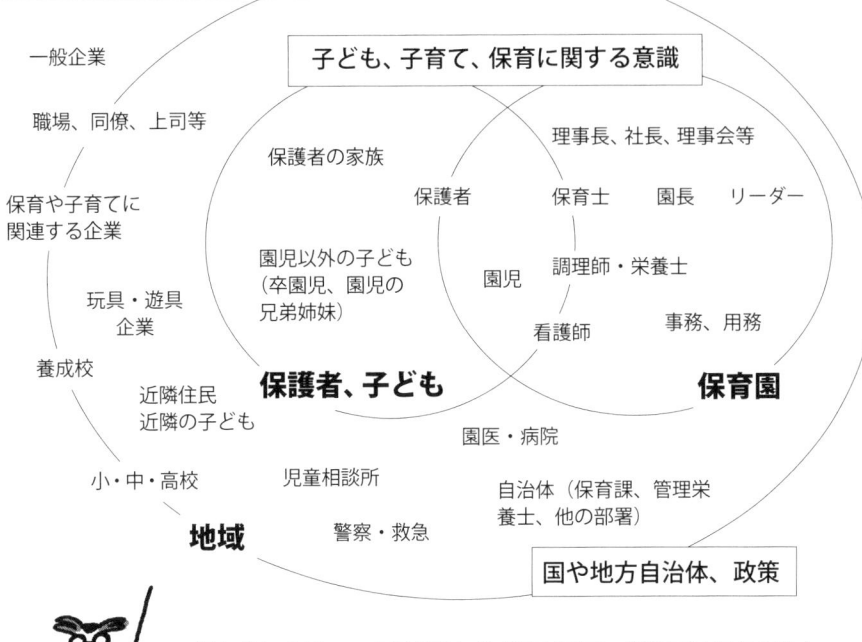

生活、労働についての意識とシステム

- 一般企業
- 職場、同僚、上司等
- 保育や子育てに関連する企業
- 玩具・遊具企業
- 養成校
- 小・中・高校

子ども、子育て、保育に関する意識

- 保護者の家族
- 保護者
- 園児以外の子ども（卒園児、園児の兄弟姉妹）
- 園児
- 理事長、社長、理事会等
- 保育士　園長　リーダー
- 調理師・栄養士
- 看護師
- 事務、用務

保護者、子ども

保育園

- 近隣住民
- 近隣の子ども
- 児童相談所
- 警察・救急
- 園医・病院
- 自治体（保育課、管理栄養士、他の部署）

地域

国や地方自治体、政策

・話し合いのテーマを考えるための素材です。厳密ではありません。
・円の重なりの部分は、保育施設職員の中にも保育施設利用者がいることなどを示しています。

うしていきたいか」でもかまいません。

　上の図は、今の私の頭で考えうるステークホルダー（保育に関係する人たちや組織）です。それぞれのステークホルダーの課題、ステークホルダー同士の関係にある課題、その課題がどう解決されたらよいと思うか、その解決のための方法（短期、長期）はなにかを、皆さんのまわりにいるさまざまな人たちと話し合ってみてください。

　この時、話し方と聞き方、話の進め方そのものがワークになりま

> 今日のテーマは…「　　　　　　　　　　　　　　」
> ・目的は、「いろいろな見方を学ぶこと」。
> 　勝ち負け（白黒）を決めること、正解を出すことではない。
> ・話に割り込まない。話を奪わない。無関係な話をしない。
> 　沈黙を怖がらない。長々と話をしない。
> ・「私は」「僕は」という主語で話す。「みんなは」「普通は」で話さない。
> ・「〜すべき」「〜しなきゃ」はナシ。
> ・否定や反論で返さない。「でも」「だけど」などは禁句。
> ・人の話を聞く姿勢で聞く。
> ・話している人の感情を受けとめる反応をする。

す。答えを出すことが目的ではありません。話し合うことが目的であり、みんなが「それでいこう」と思える答えが出てきたら、それは嬉しい副産物です。必ず、上にまとめたポイントをそれぞれの目の前に置いて、課題解決のための話し方を意識して進めてください。

他の人から学び、ゴールを考える

まずは、話をする上での姿勢です。

（1）目的は学ぶこと。勝ち負けではない

私たちがコミュニケーションをする大きな理由は、「違う意見から学ぶこと」です。でも、人の話に「うん」「そうだね」「そうなんだ〜」とうなずき、まずは受けとめ、消化するのは容易ではありません。つい、「違うよ」「無理だ」「でも」「だけど」「それはそうかもしれないけど」と言ってしまいがち。

否定や反論は、ゆっくり考えて後からじっくりすればよいのです。

あなたの反論が相手にきちんと伝わるかどうかには、人間関係の質も影響します。「話せる」「聞ける」人間関係をつくるためには、どんな内容でもまずは受けとめる。「そうだね」「うんうん」と同意できないなら、「そうなんだ、○○さんは〜と考えているんだね」と言いましょう。人間は、「聞いてくれない」「受けとめてくれない」「なにを言っても否定（反論）される」と感じる相手には話をしなくなります。

　このワークは、「話せる」「聞ける」関係を味わうこと、人の話を聞く楽しさと難しさを味わうこと、そして、そこから学ぶことが目的です。他の会議では、「議論に勝つこと」があなたの目標かもしれません。でも、このワークをしている時には、「勝ち負け」は絶対に忘れてください。会話が勝ち負けになりがちな方は、「私は今、この人を論破しよう（＝黙らせよう）としていないか？」と自問自答をしながら話をしましょう。

(2) 過去と解決策を分ける

　「この課題をどうしようか」と話し始めたのに、「あの人が〜だったから、こうなっちゃったんだよね」「昔は〜だったのに、今は…」などなど、愚痴や責任追及、回顧や郷愁になっていくケースは少なくありません。愚痴や郷愁になりそうなテーマなら、まずはそのための話し合い（これもワーク）の場を設定しましょう。歴史から学ぶことは大切ですから、「今日は、以前の話を聞く会」とすればよいのです。

　その後、次の回のワークで、「今回は解決に向けた話し合いをしましょう」「今回は、どんなゴールを目指したいかを話し合いましょう」

と設定します。

　この時、前回の愚痴や郷愁を踏まえて解決策を考える必要はまったくありません。愚痴や郷愁は、それを経験した人たちにとって「解決に向けた動機づけ」になっているかもしれませんが、課題解決に役立つかどうかはわかりません。両者は別物と考えて、将来像、理想の形を自由に考えてください。

　課題解決を考える時に課題の原因ばかり掘り起こしていると、答えが見えなくなる場合が少なくありません。原因と解決策は必ずしも対応していないのです。たとえば、日本の子育て政策の歴史をたどることも重要ですが、それだけでは、今の保育の課題はほとんど解けません。過去は頭の中に置いた上で、「この課題が解決された時には、こうなる」というゴールの姿から、「このゴールに行きつくには？」と考えてみるプロセスが大事です。

（3）「どうすればいいかな？」と考える

　ものごとは「白か黒か」「勝ちか負けか」ではありませんし、解決策も「できるかできないか」ではありません。「わかるけど無理だよ」「理想論だね。できるわけない」と口に出す前に、「どうすればできるか」を考えて「こうすればもっといい」「こうすればできるかも」と考えましょう。人間は、できない理由としない理由ならいくらでも挙げられます。でも、この話し合いの目的は、とにかく考えて、話し合って、取り組んでみること。「できない」という言葉は、「どうしたらできるか」に精いっぱい取り組み尽くした後のためにとっておきましょう。

子どもたちを見てください。子どもは無理難題に取り組むのが大好きです。課題を無理難題とは決して思いませんし、「きっとなんとかなる」という強い楽観性を持っているからです。私たちおとなは、経験や知識、人間関係の中でまず「できる、できない」を決めたくなりがち。新しい方向をつくっていくためにはその回路自体をまず変えて、子どものように楽しみながら課題に取り組む姿勢を園の中につくっていきましょう。

話し合う時のルール

では、話す時の具体的なルールです。

(1) 時間とグループを設定する

1回の話し合いは1時間程度。議論が白熱して自然に長くなるのはかまいませんが、長くなれば集中力も思考力も落ちます。必要に応じて休憩も。ただし、「お酒を飲みながら」は絶対にやめてください。

人数は4〜5人。昔の話(歴史や愚痴、郷愁)なら、聞く側が10〜20人ぐらいいても大丈夫ですが、聴衆が多いと、聞いている側にとって内容が「他人ごと」になってしまう危険があります。

(2) 話題を決める

「私たちの園における課題と将来」や「保育界の課題と将来」では話が大きすぎますので、「今日の話題」を決めましょう（174ページに例）。そして、一人ひとりの手元の紙に「今日の話題」を書いておきます（166ページの表）。

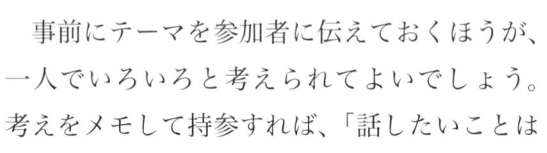

事前にテーマを参加者に伝えておくほうが、一人でいろいろと考えられてよいでしょう。考えをメモして持参すれば、「話したいことはあるのに、焦ってしまって、なにを話せばいいかわからなくなる」ことも減ります。

(3)「司会のような人」を決める

進行役ではありません。もちろん発言してかまいません。ただ、誰かがルールを破った時や話題から逸脱した時に「ちょっと…」と言う役です。

これは、話の流れを観察するスキルを身につける上でとても大事な役割ですが、立場が上の人には言いづらいケースもあるはずです。そんな時にはルールを書いたカードを作っておき、それを掲げましょう。たとえば、一人がいつまでも話を続けて脱線していったら、「長いです」「脱線しています」等のカードを挙げます。

注意されたら（カードが挙がったら）イヤな顔を絶対にせず、「はい、わかりました」と言ってください。これも大事なトレーニングです。上の立場の

人に対してカードすら挙げられない、上の立場の人が指示に従えない…、言うまでもなく、すでに「コミュニケーションに問題のある園」です。

（4）沈黙を怖がらない [9]

　誰も話をしない時間があっても、安心してください。人の話を聞いたら、静かに受けとめて消化する時間が要ります。静かに考えましょう。もし、ずっとなにも出てこないなら、「じゃあ、ちょっと考えてこようか」と言って話し合いは終わりにします。無理に話を続ける必要はありません。

　また、自分の意見を言い始めても、最初は言いよどむのがあたりまえです。人の話がうまく進まないからといってせかしたり、「あなたが言いたいのは、こういうことでしょ？」と言ったりしてはいけません。人の話をがまん強く聞くことは、保育の仕事だけでなく、生活のあらゆる部分で役に立つスキルです。

　もちろん、話している途中で詰まり、黙る人もいます。静かに待ちましょう。次に話したいと思っている人も「この人、話し終えていないかな」「考えているのかな」と

---

[9] 保護者からなにか言われた時も、「すぐに返事をしなければ」と焦りがちです。焦って口から出た言葉は、大失敗につながることもあります。たいていの場合、答えをその場ですぐに話す必要はないのですから、たとえば、「はい、他の職員とも話をしてみます。明日のお迎えの時間にお答えするということでいかがですか」と、伝えてもらえたこと、尋ねてもらえたことに感謝しながら、いったん受けとめ、他の職員と一緒に最良の答えを考える、という方法も使ってください。

感じたら、「もう少し待ちましょうか？」「話してもいいですか？」と柔らかく聞いてください。

(5) 長く話さない

　実験研究から、「やりとりの多いグループ（皆が話すグループ）」のほうが「やりとりの少ないグループ（決まった人が長く話すグループ）」よりも創造性や問題解決能力が高いことがわかっています [10]。「みんなが意見を言い、いろんな考えや見方を出しあったほうがいい」、直感的にも当然と思えますが、実験でも裏付けられているのです。

(6) 話に割り込まない、話を奪わない

　今、話している人の話が終わったら、次の人が話します。人の話に割り込んではいけませんし、共感するかのように見せかけて人の話を奪うのもルール違反です（例：人

---

[10] マサチューセッツ工科大とカーネギー・メロン大の共同研究から、グループの問題解決能力は、グループに属する個人の知能・能力ではなく、話し合いの中でより多くの人が相互に発言すること（やりとりの多さ）、また、グループ内の人の「社会的感覚」（他人の感情等を読み取る能力）の高さに、より相関するという結果が明らかになりました。逆に言うと、知能・能力の高い人が集まっていても、他人の言うことを聞かない、聞こうとしないのでは、その集団の問題解決能力は低いのです。Woolley, A.W., et al., (2010). Evidence for a Collective Intelligence Factor in the Performance of Human Groups. Science. 330, 686-688.

の話の途中で「あ、それ、わかるわかる。私もね…」と言って、その人の話をさえぎり、自分の話を始める)。

　人の話に対して、すぐに反応してとうとうと話す人もいますが、そういった人はよほど頭がいいか、あるいは、自分の言いたいことだけにこり固まって他の人の話を聞いていないか…。いずれにしてもルール違反です。

(7) テーマと違う話を始めない

　これは言うまでもありません。わかっていて別の話を例として出す時は、「例として別の話を出します」と言いましょう。別の例を出すことと脱線は別物です。

　以上の5～7は、司会の注意またはカード出しが必須です。

(8) 「私」「僕」を主語にして話す

　「私は～だと思う」「私はこういう経験をしました」が基本形。「みんな、～と思っていると思うけど」「みんな、こうだよね」「普通、こうじゃない？」は、ルール違反。

　解決方法の案を出す時は、「私は、～するといいと思う」「私だったら、～すると思う」「たとえば、～という方法もあるかなと私は思う」など、こちらも「私は」が基本形です。「～しなきゃ」「～するのがあたりまえだよね」「～しなきゃ変だよ」はルール違反。

　「私」「僕」を主語にして話すことで、多様な見方が出てきます。「私」「僕」に対して、「それ

★小テーマの例

　正解を決める話し合いではないので、「〜すべきか」というテーマの立て方はしていません。

- 日本の子育ては、これからどうなっていったらよいと思うか。
  日本の子育ての将来像の中で、保育施設（全般、または私たちの園）が果たす役割、果たしたい役割はどんなものか。

- 日本の子どもたちに、どんなふうに育っていってほしいか。
  そのために保育施設（全般、または私たちの園）が果たす（果たしたい）役割はどんなものか。

- 保育施設（全般、または私たちの園）と保護者の関係はこれから、どうなっていったらよいか。
  そのために（私たちの園は）どんなことをしていこうか。

- 私たちの園は、○○年後、どんな園になっていたいか。
  そのためには、（短期的、長期的に）どんな取り組みが必要か。
  そのために、今日、明日、毎日、私たちは具体的になにをしようか。

- 私たちの園にある具体的な課題（保育、人間関係、コミュニケーション、安全等）はなにか？[11]
  その課題を解決するために、どう取り組もうか。
  できる限りたくさんのアイディアを考えてみよう。

- 「安全＝ケガをさせない」？
  「命を守ること」と「保育の質を上げること」のバランスについて、私たちの園の場合はどう考える？
  どう取り組んでいく？

- 保育園をつくって、保育士を増やすことと、「保育（士）の質」「子育ての質」の関係…、どう思う？

は間違っている」とは言えませんから、他の人も「〇〇さんは、そうなんだ。私はこう思う」という話し方になっていくでしょう。ところが、「みんながしている」「これが当然」と言われたら「そんなことない」「違う」と言わざるをえないので、相手は黙ってしまうか、ケンカになるかのどちらかです。

(9) 聞き方のポイント

人の話を聞く時には、「私はあなたの話を聞いていますよ」というメッセージを出し続けることが不可欠です。これは日常生活でも保護者対応でも同様です。

・上半身を乗り出す感じの姿勢で聞く。椅子にもたれて、そっくり返るのは不可。
・腕を組まない。腕組みは、拒絶を表すボディ・ランゲージです。
・話のポイント、ポイントでうなずく。ただし、むやみにうなずくと「この人、本当に聞いているのかな？」と思われます。しっかり聞いて、大事なポイントでうなずきます。
・誰か一人が話している時に、他の人と話をしない。

---

[11]「課題を出して」と言われても出しにくいのがこの文化です。言葉では言えない、書いたら筆跡でわかってしまう…。ひとつの方法は、「パソコンで打って印刷する、家族や友だちに代筆してもらう、なんでもかまわないから、とにかく匿名で『言いたいこと』『不満』『心配』を書いて、〇月〇日までにこの箱に入れて」と話し、職員用トイレ、更衣室等に意見箱を置く方法です（安心して箱に入れられるようにするためです）。これでもなにも出てこなかったら、喜ぶべき…？　いえ、残念ながら、あなたの園の状況はかなり深刻です。

・人の話を受けて話し始める時には、相手の話を受けとめてから（「○○先生は、〜ということをおっしゃったのかなと思います」「○○先生の話を聞いて、私は〜と思いました」など）。人の話に対して、「それは違うよ」「なに、言ってるの」「だけどね」「私／僕は、そうじゃないと思うな」といった否定や反論の言葉をすぐに発しないこと。否定や反論を繰り返し聞いていたら、話したくなくなるか、言い返したくなるか、どちらかです。

このワークの主旨は、「人の話を聞く」「自分の考えや思いを話す」スキルを身につけることであって、闘いに勝つ方法を身につけることではありません。

（10）参加者が感情的になったら

「聞く」「話す」が目的ですから、テーマに関連する限り、誰がどんな話をしてもかまいません。そうすると、過去の話をしている時などは特に、参加者が泣き始めたり怒り始めたりすることもあるでしょう。コミュニケーションの場では、他人の感情を理解して、きちんと受けとめることも大切なスキルですし、保育現場の仕事では特にそうです。ですから、うろたえないでください[12]。

感情的になっている人をなだめる必要はありません。黙って隣に

---

[12]「感情を受けとめる」や「共感する」は、相手の感情に飲み込まれたり、相手の気持ちになりきったりすることではありません。

いてあげてください。まわりがしっかり受けとめれば、必ず次第に落ち着きます（これは「ピア・カウンセリング」の手法のひとつです）。皆で静かにして、その人の気持ちを心の中で思い描き、その人のその時の状況に自分を置いてみましょう。

ただし、「感情的」と言っても、他の参加者に対して攻撃的になっている時は、注意（カード）の対象です。

たとえばこんな意見も…

私だったら、「日本の子育てと保育の役割」について、こんな意見を出すと思います。

「日本では、子どもがいる人もいない人も、誰もが働き過ぎだと思います。働き過ぎるほど働かないと生活できない、仕事を辞めてしまったらキャリアが築けない…、それが不思議です。まず、みんなが働き過ぎをやめて、子育ても含め、生活そのものを味わう社会にしていったほうがいいと、私は思います。

保育園に預けるのは基本、たとえば朝から4時まで。月曜日から金曜日まで。産休や育休を取りたい人は男性でも女性でも取ることができるけれども、取りたくないという人は、ずっと時短で。小学校に上がるまでは、保護者は時短。

早く帰ったら、家族や友だちと過ごす。子どもがいない人も早く帰る。たとえば職場で、小さい子どものいる女性（「子どもが熱を出したので早退します」）と、子どもがいない女性や独身の女性（「○○さんの仕事を押しつけられている！」）の間に確執が生まれるなんて、本末転倒です。

一方で、たとえ一日数時間でも、乳児から全員、保育園に行ったほうがいいと私は思います。今の社会の中で、子どもがたくさんの

他人と関わることができる一番の場所は、保育園。開園時間は短くして、施設を増やし、地域の子どもを全員預かり、職員の数も増やし、真に質の高い保育をすることが大事ではないかと考えます。そうすれば、保育者の皆さんも保育の時間とは別に、事務や製作、勉強の時間をとれるようになるでしょう。

　働き過ぎをやめれば、保護者ももっと保育に、子育てに関わることができるのではないでしょうか。子どもがいないおとなも、いるおとなも、自分の生活を充実させることができるでしょう。なにより、ストレスが減るでしょうし、ギスギスしてしまっている今の社会が変わると思います。」

　……と、私のこの意見を読んだ時、皆さんの頭の中には「できるわけがない」「それ、違うよ」という言葉が浮かびましたか？　それとも「ふーん」「じゃあ、この問題はどうなのかな？」という言葉が浮かびましたか？

　どちらでもかまいません。ただ、そこから先は、私の意見をどうこうすることではなく、あなたの意見をつくることに費やしてください（議論の種にしていただくため、私の意見は意図的に漠然としたものにしてあります）。

　大切なのは、他人の考えをつぶすことでも他人の考えに同意だけして終わることでもなく、自分の考えをつくり、それを少しずつでも言葉にして、まわりの人たちと話し始めることです。自分の考えを話し、人の考えをまず受けとめ、自分の考えとまぜこぜにして、新しい考えをつくり、またそれを表現していく。人間の創造性は、ここからしか始まりません。

　ぜひ、園全体で始めてください。園の中のコミュニケーションが少しずつ変わっていくにつれて、保護者とのコミュニケーションも

徐々に変わっていくでしょう。なによりもまず、「私たちは、『変える』『変わる』ゴールに向かって一緒に取り組んでいる」という意識を持てること、その意識が日々の言葉の端々に表れることが変化の第一歩です。

第5章

リスクを伝え、
保護者と園のリスク意識を育てる
〜「育ちに必要なリスク」を積極的に冒していくために〜

保育には大きな力があり、保育者は本来、子どもの育ちを促す強い力と、たくさんの保育スキルの引き出しを持っているはずです。
　子どもたちが集団の中で育ち、「生きる力」（86 ページ）を身につけていくことは、とても重要です。世界はどんどん小さくなり、さまざまな機会が子どもたちの目の前に広がっています。「リスクを冒してでも、この機会をつかむべきか」という時に的確な判断を下せる子ども、自分の知識と技術とスキルを活かすチャンスをつかめる子どもを育てていくことは、この社会にとって喫緊の課題だと私は思います。
　もちろん、おとなになってからでも、リスクと便益を天秤にかけて、機会をつかむべく向かっていくことはできます。「何歳になっても、（自分が望んで取り組みさえすれば）人生は変えられる」とごくあたりまえに考えている社会は、世界のあちこちにあるという事実を、38 歳になって初めて日本を離れた私は自分の体験を通じて知っています。

リスクを伝え、共に考え、「子育てを自分ごと」に

　保護者と効果的なリスク・コミュニケーションをするためには、効果的でスムースな園内コミュニケーションが欠かせません。園内コミュニケーションが育てば、保育自体の質も上がり、保護者とのコミュニケーション全体の質も上がっていくでしょう。そこで、一歩進んだリスク・コミュニケーションへの道筋が見えてきます。
　起こりうる深刻なリスクを保護者に示して選択してもらう、これは結果的に保育施設がこうむるかもしれない影響を減らすためのひとつの方法です。でも、実はそれ以上に大きな意味があります。リスクを伝えることは、イコール、保護者にもしっかりとしたリスク

意識を持ってもらい、保護者の、そして子どものリスク判断スキルを育てていくことにつながるからです。

　今の時代、保護者の中には「保育園（幼稚園、こども園、学校）は安全」「預けておけば、すり傷も切り傷もなく、発達や心の課題も持たず、子どもは元気にすくすくと『（親の期待する）すばらしい子ども』に育つ」と信じ切っている人もいるように見えます。あちらにぶつかり、こちらで転び、痛い思いをし、傷がかさぶたになっていく様子を真剣にみつめ、他の子どもに負けて悔しい思いをし、ケンカをして仲直りをして、そしてなにより、親に苦労と心配をかけ

て育っていくのが子どもだとは、そういった保護者は思っていないかのようです。

　私は、これは誤りだと思います。子どもが、しっかりと育たないだけではありません。保護者も、「人が育ち、生きていく間には必ず、さまざまなリスクがある」「人間は、価値と便益、リスクとコストを常に天秤にかけながら日々選択をし、生活をしていかざるをえない」いうあたりまえの意識を持てないのです。

　「安全・安心が当然」、そんなかん違いのもと、子どもが友だちとケンカしただけで、あるいは、自分でつまずいて転んだだけで、「園が悪い」「その子と遊ばせるな」「ケガをさせるな」と言うのです。この態度のままでいたら、家庭で深刻な事態が起きた時、保護者は自分、またはその場にいた家族を責めることになります。「生きている以上、事故は必ず、ひんぱんに起こる。そして、深刻な事故も起こりうる」という意識を持つことは、人間が生き延びる上で不可欠なのです。

　かといって、「なんとなく心配だけど、黙っている」という態度でいても、深刻なリスクを判断し、回避するスキルは身につかないでしょう。深刻なリスクがあっても、深刻な結果はたいてい起こりませんから、黙っていてもたいていはなにも起こらない。「なんだ、大丈夫じゃないか」という偽りの安心感が育ってしまう。けれども、「心配だ」「危ないかもしれない」と口に出せば、リスクをみんなで考える機会が得られます。不安を感じる程度や、どんなものやことに対してどんな不安を感じるかは一人ひとり違いますから、リスクを判断して、必要であれば対策をつくるための新たな視点が得られるでしょう。

　「安全・安心があたりまえ」「ちょっと不安だけど、黙っていよう」、どちらの場合であっても、深刻なリスクを考えるスキル、回避する

スキル、リスクと便益を天秤にかけて、必要な時にはそれなりのリスクを冒す決断をするスキルは身についていきません。保護者にも、子どもにも、そして、保育者にも。

　では、どうすればいいのでしょうか。やはり、保育施設もリスクを軽視せずに保護者に伝えることです。保護者の側は、「この活動には、○○○のリスクがあるんだ…。深刻な結果も起こるかもしれないなあ…。園では、こういう対策をしているのか…。大丈夫だとは思うけど、『もうちょっと〜したほうがいいと思う』と明日、先生に話してみよう」、そんな思考と決断をその場で一つひとつしていく。そうしなければ、深刻なリスクはいつまでも保護者と保育施設の会話にのぼらず、保護者にとっても「子育ては他人ごと」にどんどんなっていってしまいます。

　保護者が保育園や幼稚園、こども園、学校と、「活動に内在するリスク」についてきちんと議論をし、「私は子どもを参加させます」「私は子どもを参加させません」という判断を下す、これは保護者にとっても必要なトレーニングではないでしょうか。このトレーニングをしていけば、「山あり谷あり」が当然の子育て全体にも良い影響をもたらし、子どもたちのリスク意識の育成にもつながるでしょう。

共感を失い、事故の被害者を責める文化

　保護者のリスク意識、リスク判断スキルが育たない。それはすなわち、子どもの命を奪う可能性のある深刻な危険（大部分は、家や公共の環境の中にある）を見分けるスキル、深刻なリスクを避けるためのスキルが保護者世代にも、子ども世代にも育たないということです。

　加えて、こうした深刻なリスクと、「人間が育つ上で必要なリスク

(ある程度の危険を伴うが、命をおびやかされるリスクは低い。一方で、価値は高い)」とのバランスをとるスキルも身につかないということです。誤嚥窒息や溺水のリスクは見逃し、園庭で転んだ傷には大騒ぎをする。保護者のリスク判断スキルとして、これは適切でしょうか？

　日本の文化全体が、すでにこうしたスキルを失っているようにも見えます。死亡事故で亡くなった子どもたち、その保護者（保育施設であれば保育者）の責任ばかりを声高に言い、個人を責めるケースが多い事実、あるいは事故を「不運なできごと」で片づけがちな事実を考えれば、そう思わざるをえません。

　保護者や保育者に的確なリスク意識があれば、他の子どもが事故で亡くなった時、「ああ、かわいそうに。我が家（うちの子の園）は大丈夫かな。確認しよう」と感じるでしょう。子どもがいなくても、「かわいそうに。どうしたら同じような死亡事故を防げるだろう」と思うでしょう。深刻な危険を放置しておけば、同じ深刻な結果はま

た起こります。的確なリスク意識があれば、被害者への共感を持つと共に、「次の深刻な事象の予防」に意識が向くはずなのです。

ところが今、深刻な事故に続く報道やネット上のコメントを見ていると、そうはなっていないのが日本の現状です。保護者や保育者「個人」の責任、さらには子ども自身の問題であるかのように書かれている場合すらあります（例：川遊びの事故で亡くなったお子さんについて、「〇〇ちゃんは泳げず」と記事に記述する。事故に遭った子どもについて、「〇〇ちゃんには発達の課題があり」と書く）。

すでに書いた通り、人間は、できごとの責任を個人に帰属させがちな認知バイアス（根本的原因帰属の誤り）を持っています。「あの保育士が悪かったから」「あの子の運が悪かったから」と思えれば、「私は大丈夫」と思えるからです（楽観バイアスの強化）。それでも、米国などでは、深刻な子どもの事故の後に共感や予防に向けた姿勢が強く出てくる事実と比較すれば、日本の文化がどこかで歪んでいると思えます。

責任追及は要らない、と言っているわけではありません。過失や意図（犯罪性）が多少でも疑われる場合には、責任追及は必要です。けれども、亡くなった子どもを責めたり、（明らかに過失のない場合に）保護者や保育者を責めたりしても、意味はないのです。その人たちはただでさえ、子どもの死を目の前にして悲しみに暮れています。そこに見ず知らずの他人が追い討ちをかけるのは、許されるべきでないとすら私は思います。

なにより、こうした無意味な責任追及は、原因追究と予防の妨げになります。たとえば、製品が原因で子どもが亡くなった時、「製品（企業）が悪かったのか。それとも、子ども（その保護者、保育者）が悪かったのか。どちらだったのか」の二元論で論じていても、次の予防にはつながりません。次の深刻事故を予防するために、企業

は製品をどうするべきか、一方、保護者、保育者はどうするべきかを考える。そもそもそれが「事故」である限り、原因は多面的なのですから。

「リスクを冒す権利」と「保護者に伝える義務」

いまや、子育て支援の場どころか、子育ての中心地にさえなりつつあるのが保育施設です。子どもの育ちを考えた時、保育施設には「リスクを冒す権利」があるとすら言えるかもしれません。子どもの命や生活の質が危機にさらされない範囲内で、子どもたちに冒険をさせる権利です。子どもの育ちを支える仕事である以上、冒険をさせる義務もあると言ってもいいかもしれません。

けれども、保育施設が預かっているのは「他人の子ども」ですから、この権利を行使し、義務を果たそうと思うなら、保育施設側には「保護者に価値とリスクを伝える義務」が生じます。一方の保護者には「価値とリスクを知る権利」があり、リスクを理解した上で保育施設の活動に同意するかしないかを、子どものために決める権利と義務があります。医療におけるインフォームド・コンセントと同じです。

つまり、保護者には、活動の価値とリスクについて「知る権利」「決断する権利」と共に、「知る義務」「決断する義務」があるのです（権利は、必ず義務を伴います）。「いまどきの保護者に理解や判断ができるわけがないから、園で決めればいい」は、やめるべきです。保育施設側には「伝える義務」があるのですし、考える材料を伝えなければ、保護者は考えることができません。なにより、現時点では保育施設側も深刻なリスクを軽視／無視／看過しているのが現状なのですから、園側がまずリスクに気づき、園内で共有し、保護者にも伝えるプロセスはとても重要です。

活動の具体的な価値とリスクについて保護者と話し合い、一緒に対策を立て、保育施設でも家庭でも同じように取り組んでいく——これは間違いなく、両者のリスク意識、リスク判断スキル、リスク・マネジメント・スキルを向上させるために役立つはずです。もちろん、保育施設と保護者の間のコミュニケーション、信頼関係づくりにも効果があります。今後は、こうしたリスク・コミュニケーションに積極的に取り組むことが保育園、幼稚園、こども園、学校にとって必須になるでしょう。

＊　　　　＊　　　　＊

　人間の生活は、リスクの上に成り立っています。命のリスク、社会的責任のリスク、人間関係のリスクなどなど…。けれども、リスクをゼロにすることは決してできません。そして、リスクをひたすら小さくするだけの人生は、たぶん、まったくつまらないもののはずです。事故に遭うのが怖いから、どこにも行かない（家に閉じこもっていても命のリスクはゼロになりません）、社会的責任を負いたくないから、自分から積極的に仕事に取り組んだり責任ある地位についたりしない、傷つきたくないから、人とつきあわない…。

　リスクを冒さなければ、子どもは育ちません。リスクを冒さなければ、子どもの育ちを促すことはできません。そして、リスクを冒してなにかを変えたり、なにかに挑戦したりすることの意義を感じないで育った子どもは、リスクを小さくする方法しか考えないか、深刻なリスクを見逃すか、どちらかでしょう。

　リスクはなくすべきものではなく（なくせるものではなく）、マネジメントするものです。つまり、便益とのバランスを考えて、適切かつ必要な便益とリスクのレベルを選んでいく。リスクが深刻になりすぎない対策をとっていく。場合によっては、大きなリスクすら

積極的に選択する。それが、リスクとのつきあい方です。

　ぜひ、日々の生活の中で時折、考えてみてください。「今、私は、どうしてこの行動をしたんだろう。どんなリスクとどんな便益を天秤にかけたのかな。この行動ではない選択肢は、なんだっただろう。選択肢の中でこの行動を選んだのはなぜ？　他の選択肢だったら、結果はどうなっていた？」…、これは31ページで説明した「〜か〜か〜か」の考え方です。

　人間は、無数にある選択肢の中のたったひとつしか生きられません。だから、リスクと便益をしっかり天秤にかけて、その時点で最良の選択をするスキルをつけていくことが、生きる上では必要になります。そして、「自分で選んだ」という感情がリスクを受け入れる支えになり、行動に向かう意欲につながり、自分の人生を生きている自信につながります（結果がどう出ようと）。「自分で選ぶ」ということは、子どもにとってもおとなにとっても、とてつもなく大きな、意味のある行動です。

　保育や子育てにおけるリスク・マネジメントは、一人ひとりの保護者と一人ひとりの保育者が一人の子どもの育ちを中心に置いて、コミュニケーションをしながら、関わりあいながら、さまざまな選択肢から選びとっていく行動そのものです。リスクをゼロにするなどという不可能を目指すことではありません。考えて、話し合って、選びとっていく中で、その子ども、その保護者、その保育者、その保育施設に合った最良の方法が生まれてくるはずです。だから、リスク・マネジメントは、保育や子育てを豊かに、自由にする方法なのです。

あとがき

　あなた自身のこととして、ちょっと想像してみてください。
　朝7時半から夜7時半まで、月曜日から金曜日、土曜日までずっと集団の中で過ごす。その間、おとながあなたと1対1で向き合ってくれる時間は、（あったとしても）ほんの少し。
　そのおとなが必ずしも自分をしっかり受けとめてくれるとは限らない。あなたがそのおとなを嫌いだったら、そのおとなからあなたが嫌われていたら、そのおとなが他の子どもにかかりきりだったら、おとなと話す機会はめったにない。「なぜ？」「どうして？」「これ、おもしろいよ」「もっと知りたいな」「なんかよくわからないけど、いやだなあ」、そんな気持ちは心の中にしまわれたまま。「散歩に行くよ」「トイレに行くよ」「〜をするよ」…、一人で静かにしている時間もない。
　私が見る限り、今、大部分の保育施設に預けられている子どもは、こんな状況に置かれています。年齢や経験にかかわらず、必死になって子どもと関わろうとしている保育士さんはたくさんいます。でも、いかんせん人手がまったく足りず、待遇も（公務員以外は）悪い…。たとえ、人手がもっともっと豊かだったとしても、1日12時間、週5日も6日も集団生活をすることは、子どもにとってはストレスになるはずです。私の周囲の保育士さん、園長さんたちからは時々、こんな言葉が聞かれます。「私たちはシフトだから週の中に休みもあ

るけど、この子たちはへたをすると、保育士よりもずっと長い間、園にいるのよね…。」

　長年の研究から、乳幼児の言語や感情の発達（＝一生の基礎）には１対１の関わりが不可欠であることもわかっています[1]。生活できないから、キャリアが築けないから、子どもを預けて働かざるをえない保護者（特に母親）と、人手不足の中で最低限の仕事しかできない保育者に、子どもの発達の責任を押しつけることはできません。これは「待機児童問題」で片づけられることではなく、10年後、20年後、その先を考えるなら、企業、自治体、日本社会全体が今、働き方とキャリア形成のあり方を変えなければどうしようもない問題なのです。

　もうひとつ、保育の仕事を「子どもの命と育ちを預かる専門職」として社会全体が、保育者が、運営者がとらえ直すべきです。世の中に、人の命を預かる仕事がいくつあるでしょうか？　それも、乳幼児という亡くなりやすい命を預かり、ただ預かるだけではなく、その命が集団の中で育っていくことを支える仕事です。

　「『子どもが好き』だけじゃできない仕事」、私のまわりの保育士さんたち、園長さんたちがよく言います。保育の仕事そのものの専門性を高めていくことは、待遇改善と人材の質の向上と共に進められていく必要があります。時間や給料面の待遇が悪かったら、どんな

---

[1] 詳しくは、掛札個人のウェブサイト（http://itsumikakefuda.com/）の話題「心理学、脳科学等の研究結果から考える日本の子育て、そして保育」をご覧ください。

にやりがいがあって、どんなに職場の人間関係が良くても、労働者はやる気を失います。これは、職域心理学の長年の研究から明らかになっていることです。

　そして、あと10年もすれば、保育園、幼稚園、こども園は淘汰の時代に入るでしょう（すでにその動きが始まっている地域もあります）。施設は保護者から選ばれる立場になり、保育者も施設や保護者から選ばれる立場になります。選ばれる施設でなければ、保育者も集まらないでしょう。その時に選ばれるかどうかは、運営者や一人ひとりの保育者が今、いかに保護者との信頼関係をつくり、今、どれほど具体的で効果的なスキル・アップに取り組むかという点にかかってきます。それはまさに、特色があり、質の高い保育施設をつくるということです。

　信頼関係づくりもスキル・アップも目先の生き残りのためだけにすることでは、もちろんありません。たとえば、保護者との間に信頼関係を築き、園内で、保護者との間で、子どもたちとの間で効果的なコミュニケーションがとれれば、園と保育者は、自分たちが目指す保育を保護者と一緒に具体化していくことができるからです。それは今日からできること、今日からすべきことです。

日本に戻ってきて7年。保育のおもしろさと大切さに文字通り「はまった」私に、さまざまな現場の方たちがたくさんのことを教えてくださっています。今の保育現場で必死に働いている皆さんの心と仕事を守る、そして、それが子どもの命を守ることにつながる。私が取り組んでいることが少しでも、皆さんのお役に立てばと願っています。

　最後になりますが、この書籍のもととなった保育雑誌『げ・ん・き』の連載の時から、的確かつ鋭いアドバイスをくださっているエイデル研究所の長谷吉洋さんと編集部の皆さんに「ありがとうございます」を。そして、へのへのもへじしか描けない私の心の中のイメージを、いつもすばらしいイラストにしてくださる柚木ミサトさんにも、「ありがとうございます」を。

　そして、とんでもなく課題が多くて、こだわりが強くて、運動神経がなくてケガばかりして、いろいろ不安定な子どもだった私、いまだにほぼそのままのおとなである私と共にいてくださる母、父、妹に、「ありがとうございます」を。

著者　掛札 逸美（かけふだ・いつみ）

心理学博士（社会／健康心理学）。「NPO法人 保育の安全研究・教育センター」代表。1964年生まれ。筑波大学卒業後、健診団体広報室に勤務。2003年、コロラド州立大学大学院に留学、2008年に博士号取得。2013年まで（独）産業技術総合研究所特別研究員。著書に『乳幼児の事故予防─保育者のためのリスク・マネジメント』（2012年）、『「保護者のシグナル」観る・聴く・応える─保育者のためのコミュニケーション・スキル』（2013年、共著）、『保育現場の「深刻事故」対応ハンドブック』（2014年、共著。いずれも、ぎょうせい）など。メール：itsumikakefuda@gmail.com

・NPO法人保育の安全研究・教育センター
　http://daycaresafety.org/

表紙デザイン／イラスト　柚木ミサト
企画／編集　長谷吉洋

子どもの「命」の守り方
変える！事故予防と保護者・園内コミュニケーション

2015年10月30日　第1版　第1刷発行
2021年 4 月 1 日　第1版　第5刷発行

著　者　掛札逸美
発行者　大塚孝喜
発行所　株式会社エイデル研究所
　　　　〒102-0073 東京都千代田区九段北4-1-9
　　　　TEL.03-3234-4641　FAX.03-3234-4644

印刷・製本　中央精版印刷株式会社
ISBN 978-4-87168-572-6